Klett Lektüre**hilfen**

Thomas Mann

Bekenntnisse des Hochstaplers Felix Krull

Interpretationshilfe für Oberstufe und Abitur

von
Elisabeth Kaltenbach

Klett Lerntraining

Elisabeth Kaltenbach, langjährige Gymnasiallehrerin für Deutsch und Englisch, Studiendirektorin an einem Weiterbildungskolleg in Düsseldorf.

Die Textzitate folgen der Ausgabe: Thomas Mann: Bekenntnisse des Hochstaplers Felix Krull. 52. Aufl. Frankfurt am Main: Fischer Taschenbuch Verlag, 2014.

Bibliografische Information der Deutschen Nationalbibliothek
Die Deutsche Nationalbibliothek verzeichnet diese Publikation in der Deutschen Nationalbibliografie; detaillierte bibliografische Daten sind im Internet über http://dnb.dnb.de abrufbar.

Dieses Werk folgt der reformierten Rechtschreibung und Zeichensetzung. Ausnahmen bilden Texte, bei denen künstlerische, philologische oder lizenzrechtliche Gründe einer Änderung entgegenstehen.

1. Auflage 2021

© PONS GmbH, Stöckachstraße 11, 70190 Stuttgart 2021
Alle Rechte vorbehalten.
www.klett-lerntraining.de
kundenservice@klett-lerntraining.de
Umschlagfoto: bpk, Berlin (Akademie der Künste)
Satz: DOPPELPUNKT, Stuttgart
Druck: Plump Druck & Medien GmbH, Rheinbreitbach
Printed in Germany
ISBN 978-3-12-923172-2

1 Inhaltsangabe und erste Deutungsaspekte

2 Analyse und Interpretation

3 Schnellcheck

4 Prüfungsaufgaben und Lösungen

① Inhaltsangabe und erste Deutungsaspekte

Thomas Manns Roman umfasst drei Bücher, von denen die ersten beiden zusammen ungefähr so lang sind wie das dritte. Das erste und zweite Buch bestehen jeweils aus neun Kapiteln, das dritte und somit längste umfasst elf Kapitel.

Erstes Buch

KURZINFO

Felix' Kindheit und Jugendjahre
- Felix erzählt seine Geschichte als etwa 40-Jähriger im Rückblick; er stellt sich als Sohn eines mäßig erfolgreichen Sektfabrikanten aus dem Rheingau vor.
- Er hat eine enge Beziehung zum Vater und zu seinem Paten, dem Maler Schimmelpreester, dem er häufig Modell steht.
- Seit jeher liebt er Verkleidungen, Rollenspiele, Täuschungsmanöver. Bei den Gleichaltrigen bleibt er Außenseiter.
- Nach dem endgültigen Bankrott seiner Firma verübt der Vater Selbstmord.

Erstes Kapitel (7–11)

Felix Krull beginnt seine Aufzeichnungen mit der Beschreibung seiner gegenwärtigen Situation: Er ist wohl nicht mehr ganz jung, von seinem anscheinend abwechslungsreichen und anstrengenden Leben gezeichnet und lebt zurückgezogen. Seine Zweifel, ob er die vergangenen Erlebnisse mangels höherer Bildung angemessen schildern könne, verwirft er mit dem Hinweis auf seine „natürliche Begabung und eine gute Kinderstube" (7). Letztere führt er auf sein Elternhaus und den Einfluss seines Paten Schimmelpreester, eines im Ort bekannten Künstlers, zurück. Gleichzeitig versichert er, seine Aufzeichnungen freimütig und wahrhaftig zu gestalten.

Felix Krull schreibt im Rückblick

Felix stammt aus einem Städtchen im berühmten Weinanbaugebiet des Rheingau, er hat eine Schwester, Olympia. Sein Vater Engelbert, frankophil und „ein Günstling

Der Vater hat eine Sektkellerei im Rheingau

der Frauen" (8), besitzt eine Sektkellerei, deren Flaschen exquisit gestaltet sind, mit einem schönen, von Schimmelpreester entworfenen Etikett. Allerdings entspricht die Qualität des Sekts so gar nicht seiner ästhetischen Verpackung, was der Vater mit dem großen Konkurrenzdruck und auch mit der Bereitschaft der Menschen, Wert auf ein schönes Äußeres zu legen, legitimiert. Die Familie lebt in einem herrschaftlichen Haus mit einem großen Ziergarten oberhalb des Rheins, wobei der Hang zu übermäßigem Kitsch (Gartenzwerge, Steinfiguren im Garten, viel Nippes, Plüsch und Zierrat im Haus) den Wunsch nach großbürgerlicher Eleganz eher konterkariert.

Die Familie lebt in großbürgerlichem Ambiente

Zweites Kapitel (11–17)

Nach einer für seine Mutter schwierigen Geburt entwickelt sich Felix zu einem gesunden, ruhigen und problemlosen Kleinkind. Auffällig ist seine Fähigkeit, sehr lange und traumlos zu schlafen. Nebenbei – und vorgreifend – erfährt der Leser, dass Felix jetzt 40 Jahre alt ist und eine Zeit im Zuchthaus verbracht hat (vgl. 12 f.). An einem Sonntag geboren und mit dem sprechenden Namen bedacht (Felix bedeutet „der Glückliche"), hat er sich schon immer für etwas Besonderes und vom Glück verwöhnt gehalten, was auch durch erfahrenes Leid nicht getrübt werden konnte.

Schon als Kind liebt Felix phantasievolle Rollenspiele

Als Kind zeichnet er sich durch große Phantasie und den Wunsch, jemand anderes darzustellen, aus: So lässt er sich z. B. als Kaiser umherfahren. Dieser Hang zu Rollenspielen sowie sein ungewöhnlich hübsches, feines Aussehen heben ihn auch von den gleichaltrigen Kindern und Jugendlichen ab. So lebt er in seiner eigenen Welt, übt sich in der Kontrolle seiner körperlichen Reflexe und sinnt über das ihn bestimmende Gesellschaftsbild nach: Durch das betonte Wichtignehmen anderer, v. a. über ihm stehender Menschen, kann gesellschaftlicher Aufstieg und Erfolg gelingen.

Drittes Kapitel (17–24)

Im Städtchen hat die Familie Krull nicht den besten Ruf, sie gilt als nicht ehrbar, was sich u. a. auf den zweifelhaften Lebenswandel des Vaters und die Vergnügungssucht von Mutter und Schwester gründet. Ausführlich beschreibt Felix die ausschweifenden Feste mit vielen Gästen von fragwürdigem Ruf, die der Vater im Hause veranstaltet und die zu vorgerückter Stunde nicht selten in allzu anzüglichen erotischen Spielchen enden. Gleichzeitig wird deutlich, dass die Familie weit über ihre Verhältnisse lebt und die Firma des Vaters vor dem Konkurs steht, worunter Felix, der von Gleichaltrigen gemieden wird, sehr leidet.

Zweifelhafter Ruf der Familie im Ort

Demgegenüber schildert er ein Erlebnis als Achtjähriger während eines Kuraufenthaltes der Familie. Seit jeher fasziniert von Musik und Konzertaufführungen, beobachtet er so genau das musizierende Kurorchester, dass er später die Bewegungen des Geigers präzise nachahmen kann. Daraufhin entwickelt der begeisterte Vater einen Plan mit dem Kapellmeister: Felix wird mit feiner Kleidung und einer kleinen Geige ausstaffiert, deren Bogen mit Vaseline bestrichen ist. Vor dem Orchester stehend, ‚spielt' er dem Publikum das geigende Wunderkind vor. Die Menschen sind begeistert, eine russische Fürstin schenkt ihm sogar eine Diamantbrosche, im Café wird er reichlich mit Kuchen und Schokolade bedacht, selbst die vorher abweisenden reichen Kinder beziehen ihn nun in ihre Spiele ein: Felix' erster Erfolg als Hochstapler.

Im Kurort tritt Felix als falsches „Wunderkind" auf

Viertes Kapitel (24–27)

In diesem Kapitel beschreibt Felix seinen Paten, den Maler Schimmelpreester, und dessen wichtigen Einfluss auf seine Entwicklung. Schimmelpreester scheint eine etwas undurchsichtige Vergangenheit zu haben; sein Verständnis der Natur und auch seiner eigenen Person wirkt – seinem Namen gemäß – eher zynisch. Er ist aber ein gern gesehener Gast bei den Krulls. Ihn und Felix verbindet eine enge Beziehung.

Felix ist beeindruckt von dem Bild, das sein Pate von der Künstlerexistenz hat: Am Beispiel des antiken Bildhauers Phidias, der im Rahmen seiner künstlerischen Aufträge mehrmals Gold unterschlug und dafür auch ins Gefängnis musste, behauptet er, dass zum Künstlertum immer

Der Pate zeigt Felix den Zusammenhang zwischen Künstlertum und Kriminalität

auch „Sonderbarkeiten" (25) gehören, d. h. hier: kriminelle Energie. Diesen – in den Augen Schimmelpreesters – untrennbaren Zusammenhang merkt sich Felix genau.

Begeistert zeigt sich der junge Felix auch davon, dem Maler Modell zu sitzen – sei es als Akt (hier betont Felix noch einmal seinen ansehnlichen Körperbau) oder auch in den unterschiedlichsten Kostümen und Verkleidungen. Es scheint, als könne der Junge bis in die Physiognomie und Ausstrahlung die unterschiedlichen Identitäten der dargestellten Figuren annehmen und dies genießen. Umso schwieriger und deprimierender ist für ihn die Rückkehr in seine langweilige und öde Alltagsexistenz.

Als Modell verkörpert Felix perfekt unterschiedliche Rollen

Fünftes Kapitel (27–36)

Es folgt die ausführliche Darstellung einer Episode, die den 14-jährigen Felix für immer geprägt hat. Zum ersten Mal nimmt er mit seiner Familie an einer Aufführung im Wiesbadener Theater teil. Bei dem Stück handelt es sich wohl um eine Operette ohne großen Tiefgang – umso mehr richtet sich Felix' Aufmerksamkeit auf den Hauptdarsteller, einen Künstler namens Müller-Rosé, und dessen Wirkung auf das Publikum. Detailliert beschreibt er das glanzvolle, selbstgefällige Auftreten des außerordentlich gut aussehenden Sängers in seinen vielfältigen Kostümen, seine makellose, verführerische und bezaubernde Aura, „nicht von dieser Welt" (29). Ebenso genau beobachtet Felix das hingerissene, selbstvergessene Publikum, das sich nicht nur glänzend unterhalten lässt, sondern sich vollkommen aus der Alltäglichkeit in eine idealisierte Welt enthoben fühlt.

Felix' Schlüsselerlebnis

Nach der Vorstellung besucht Vater Krull mit Felix den Künstler Müller-Rosé in dessen Garderobe und hier erlebt der Junge einen ungeheuren Schock. Müller-Rosé, mitten im Prozess des Abschminkens, entpuppt sich als furchtbar hässlicher Mann mit ekelerregenden Pickeln am ganzen Körper. Abgestoßen von Müller-Rosés „unappetitliche[m]" (35) Äußeren, seiner penetranten Gefallsucht und seinen vulgären Reden reflektiert Felix noch einmal das am Abend Erlebte. Er kommt zu dem Schluss,

Der strahlende Theaterstar Müller-Rosé erweist sich nach der Vorstellung als hässliches, abstoßendes Wesen

dass es dem Künstler jeden Abend gelingt, das Publikum zu verführen, das seinerseits nichts sehnlicher wünscht als über die Wirklichkeit getäuscht zu werden.

Sechstes Kapitel (36–47)

Felix verachtet die Schule, betrachtet sie als Einschränkung seiner Freiheit, hat zudem keine Freunde unter den Mitschülern. Daher fälscht er die Unterschrift seines Vaters, um immer mal wieder elaborierte Entschuldigungen für sein Schulschwänzen zu verfassen. Er geht sogar so weit, Unpässlichkeiten und Krankheiten zu simulieren, um im Bett bleiben zu können. Für ihn ist dies nicht verwerflich, sobald die Täuschung eine zugrunde liegende Wahrheit beinhaltet. Felix sieht sich als sehr zartes, empfindliches und zum Leiden neigendes Wesen, das sich immer wieder selbst überwinden muss. Daher braucht er seine – für ihn auch in Wahrheit vorhandenen – Empfindlichkeiten nur zu provozieren, um dann tatsächlich die Symptome einer Erkrankung auch für andere sichtbar zu machen.

Durch gefälschte Entschuldigungen und Simulieren von Krankheiten schwänzt Felix die Schule

So täuscht er zunächst seine Mutter mit einem dramatischen Brechanfall und später auch den Hausarzt Düsing, den er sowieso für einen Scharlatan hält. Der Arzt tippt zunächst zwar richtig auf „schulkrank" (44), lässt sich dann aber doch von Felix' Schauspielkunst zu beliebigen Diagnosen (z. B. Migräne, Grippe) hinreißen und verschafft diesem so die erwünschten freien Tage.

Siebentes Kapitel (47–51)

Auf seinem Schulweg kommt Felix an einem Feinkostladen vorbei, der eines Tages unbeaufsichtigt ist. Er genießt zunächst den Anblick der im Übermaß vorhandenen Delikatessen und stiehlt schließlich unbemerkt einige Pralinen. Dies wiederholt er immer mal wieder und legt sich so einen beachtlichen Vorrat an Süßigkeiten zu.

Er stiehlt Pralinen im Feinkostladen

Dem erwartbaren Vorwurf des Diebstahls durch den Leser begegnet Felix mit einer ganz eigenen Interpretation: Da er sich für ein „Gunstkind" (50), ein vom Schicksal über andere herausgehobenes Wesen hält, sind seine Taten für ihn eher der Beweis für seine Fähigkeit, sich über die üblichen Grenzen und Gesetze eines die Freiheit einschränkenden Alltags hinwegzusetzen.

Achtes Kapitel (52–56)

Bevor Felix die nächste Episode erzählt, betont er noch einmal, dass er sorgfältig zwischen Moral und Ehrlichkeit abzuwägen habe und das Folgende daher nur in gemäßigtem und nicht schlüpfrigem Ton zu schildern beabsichtige.

Das erste
sexuelle Erlebnis

Schon immer scheint er ein sexuell empfänglicher Mensch gewesen zu sein. Seine erste, längere sexuelle Beziehung beginnt er als 16-Jähriger mit dem ungefähr 30-jährigen Dienstmädchen der Krulls, Genovefa, die nicht ungern in dieses Verhältnis mit einem Jungen aus den höheren Kreisen einwilligt. Felix genießt das sexuelle Erlebnis, betont aber auch, dass der Genuss vor allem auf der Lusterfüllung seiner Partnerin beruhte. Gleichzeitig beeilt er sich mitzuteilen, dass er – trotz seiner entsprechenden ‚Begabung‘ – seine Befriedigung und seinen Erfolg im Leben nicht sexuell ausschweifend, sondern auf subtilere Weise erreicht habe.

Neuntes Kapitel (56–62)

Bevor Felix zu dem ersten anscheinend wichtigen Wendepunkt in seinem Leben kommt, berichtet er noch von der Verlobung seiner Schwester Olympia mit Leutnant Übel, die allerdings nicht von langer Dauer sein wird. Felix beeindruckt an dieser Verlobung nur die Tatsache, dass die Schwester mit der Heirat ihren Namen ändern kann. Er beneidet sie – wie die Frauen allgemein – um dieses Privileg, da er selbst sich nichts sehnlicher als die Aufgabe des alten Namens wünscht. Er deutet allerdings hier auch schon an, dass ihm in Zukunft ein Namenstausch gelingen wird.

Felix beneidet
seine verlobte
Schwester für
ihren zukünftigen
Namenswechsel

Das eigentlich wichtige Ereignis für den nunmehr 18-jährigen Felix ist der endgültige Konkurs der Firma seines Vaters, der mit der Beschlagnahme fast aller Güter der

Krulls einhergeht. Nur für kurze Zeit darf die Familie noch in dem fast leeren Haus bleiben. Felix verlässt die Oberrealschule ohne Abschluss, was für ihn aber eher Befreiung als Schmach ist. Am Ende erschießt sich Vater Krull, nachdem er mehrmals vergeblich versucht hat, beruflich wieder Fuß zu fassen.

Nach seinem Konkurs erschießt sich der Vater

Zweites Buch

KURZINFO

Felix' weitere Entwicklung in Frankfurt und Paris

- Nach dem Tod und Begräbnis des Vaters zieht Felix mit der Mutter nach Frankfurt. Sie eröffnet dort eine Pension, er hat – auf Vermittlung von Schimmelpreester – Aussicht auf eine Anstellung in einem Pariser Luxushotel.
- Begeistert genießt Felix die Eindrücke von der reichen Frankfurter Gesellschaft, freundet sich aber auch mit den Prostituierten an. Mit einer von ihnen, Rozsa, beginnt er später eine Beziehung.
- Durch das bühnenreife Simulieren eines epileptischen Anfalls vor der Musterungskommission entzieht sich Felix dem Militärdienst.
- In Paris angekommen, wird er als Liftboy angestellt. Sein Zimmergenosse Stanko vermittelt ihm einen Hehler, bei dem er die Schmuckstücke, die er einer vornehmen Dame gestohlen hat, versetzen kann.
- Diese Dame, Madame Houpflé, trifft Felix schließlich im Hotel wieder, verbringt eine Liebesnacht mit ihr und stiehlt ihr – auf ihr Verlangen – weitere Juwelen und Geld.

Erstes Kapitel (63–64)

Felix zweifelt am Sinn seiner Aufzeichnungen ...

Zu Beginn des Kapitels erläutert Felix, dass er ein Jahr nichts schreiben mochte, weil er an der Sinnhaftigkeit seines Unternehmens gezweifelt habe und ja nicht nur sich selbst, sondern auch das Lesepublikum unterhalten wollte. Er hebt seine Geschichte von den üblichen Kriminalgeschichten ab, die ihre Popularität dem Einsatz von „Knalleffekte[n] und aufregenden Verwicklungen" (63) verdankten. Nach der erneuten Lektüre des bis jetzt Geschriebenen ist Felix aber zu der Überzeugung gekommen, dass eine wahrhafte und stilvolle Darstellung seiner weiteren Abenteuer (hier deutet er bereits zwei spannende Episoden an) das Lesepublikum überzeugen werde.

Zweites Kapitel (65–71)

... und nimmt dennoch den Faden wieder auf

Felix fährt nun also mit seiner Chronik fort und beschreibt zunächst seinen Besuch beim Geistlichen Rat Chateau, um ein (Selbstmördern damals von der katholischen Kirche verwehrtes) kirchliches Begräbnis für seinen Vater zu erwirken. Chateau wird als dem sinnlichem Genuss nicht abholder, heiterer und freundlicher Mensch beschrieben (nicht unähnlich dem verstorbenen Vater).

Nur zu gern akzeptiert er – auch angesichts abnehmender Kirchenmitgliederzahlen – Felix' abenteuerliche Darstellung des Todes seines Vaters als Unglück. Besonders beeindruckt ist Felix, als Chateau Auftreten und Stimme des jungen Mannes lobt und ihm eine glückliche Zukunft prophezeit.

Das Begräbnis des Vaters erweist sich als traurige Angelegenheit, da außer Felix nur Schimmelpreester und der (Noch-)Verlobte der Schwester, Leutnant Übel, teilnehmen. Felix zieht sich mehr und mehr aus der kritischen Öffentlichkeit zurück; Bestätigung seiner überaus positiven Selbsteinschätzung erhält er allein durch die Prophezeiung des Geistlichen Rats Chateau im Hinblick auf eine glückliche Zukunft. Felix hält den Priester aufgrund des hierarchischen Aufbaus und der Hinwendung zu einer sinnlichen Form der Verehrung in der katholischen Kirche für einen besonders befähigten Zeugen des Wertes und Ranges eines Menschen.

Das Begräbnis des Vaters

Auf der Suche nach dem Ursprung seiner – nach eigener Ansicht – überzeugenden Liebenswürdigkeit und körperlichen Attraktivität forscht Felix ebenso gründlich wie erfolglos bei seinen Ahnen. „Allein meine Ausbeute war gering." (70) Schließlich kommt er zu dem Schluss, dass er seine äußeren Vorzüge einzig seinem tadellosen Inneren, seiner edlen Seele zu verdanken hat.

Felix sieht sich als einzigartiges Individuum in der Reihe seiner Ahnen

Drittes Kapitel (71–77)

Nach dem Begräbnis des Vaters und vor der endgültig erzwungenen Aufgabe der Villa treffen Felix, seine Mutter und seine Schwester mit Schimmelpreester zu einer Beratung über ihre Zukunft zusammen. Es stellt sich heraus, dass dieser bereits klare Vorstellungen für alle drei hat. Der Mutter rät er, in einer größeren Stadt eine kleine Pension zu eröffnen, und prophezeit ihr, dass sie damit Erfolg haben werde. Für die Schwester Olympia hat er eine Karriere als Operettensängerin vorgesehen und bereits den befreundeten Besitzer einer Künstleragentur angesprochen. Auch für sie sieht er – trotz ihrer eher schwachen Stimme – aufgrund gewisser körperlicher Vorzüge eine gute Zukunft voraus.

Schimmelpreester entwickelt Zukunftspläne für die Familienmitglieder

Seinem Patenkind Felix möchte Schimmelpreester einen erweiterten Horizont und gesellschaftlichen Aufstieg ermöglichen, was in seinen Augen den Anlagen und Fähigkeiten des jungen Mannes entsprechen dürfte. So hat er wieder Kontakt zu seinem alten Freund Stürzli hergestellt, dem Direktor des vornehmen Hotels „Saint James and Albany" in Paris. Dieser hat sich bereit erklärt, Felix zunächst auf Probe und ohne Bezahlung aufzunehmen, was vielleicht der Beginn einer erfolgreichen Hotelkarriere sein könnte.

Felix ist begeistert von der Aussicht, nach Paris in die große Welt aufzubrechen. Dabei gibt es allerdings ein Problem: Es droht dem jungen Mann die Musterung für den Militärdienst und da er weder aus reichem Hause stammt noch Beziehungen zu einflussreichen Stabsärzten hat, könnte seine wahrscheinliche Einberufung dem neuen Glück im Wege stehen. Zunächst aber verlassen die drei Krulls endgültig das – besonders Felix verhasste – Heimatstädtchen, um mit dem Zug nach Frankfurt aufzubrechen.

Viertes Kapitel (77–90)

In Frankfurt finden Felix und seine Mutter – die Schwester ist nach Köln weitergereist – nach einigem Suchen eine kleine, schäbige, jedoch für sie erschwingliche Wohnung, die von den beiden nach und nach hergerichtet und verschönert wird. Die Mutter nennt ihr neues Geschäft „Pension Loreley" und Schimmelpreester schickt aus der Heimat ein von ihm selbst kunstvoll gestaltetes Namensschild. Nach und nach reüssiert die Pension, so dass die Mutter sogar über eine Expansion und die Anstellung einer Hilfskraft nachdenken kann.

Für Felix beginnt nun eine Phase ohne Pflichten, in der er seine Tage ganz nach seinem Gefallen gestalten kann. Er schläft viel und weit in den Tag hinein, gegen Abend verlässt er dann das Haus und widmet sich seiner ganz eigenen Art der Bildung, die er im Folgenden detailliert und umfassend beschreibt: Fasziniert schlendert er durch die reichen Einkaufsviertel Frankfurts, betrachtet die Auslagen der Einrichtungs- und Modehäuser, der Kunsthandlungen und Juwelierläden, nimmt so für ihn auch später wichtige Erkenntnisse und Details auf. Er bewundert die Lebensweise der höheren Gesellschaftsschichten, gewinnt (von außen) Einblicke in die vornehmen Restaurants und Cafés.

Besonders nachdrücklich in Erinnerung bleibt ihm eine Beobachtung, die er eines Tages vor dem Hotel „Frankfurter Hof" macht: Ein junges Geschwisterpaar, anscheinend Zwillinge, mit südlichem Aussehen tritt auf einen Balkon und schaut kurz die Straße hinunter. Felix ist verzaubert von ihrer jugendlichen Schönheit und selbstverständlichen Eleganz. Er betont aber, dass diese Verzauberung einzig auf dem „Doppelwesen" (86), der „lieblichen Zweiheit" (87) beruht.

Verzaubert beobachtet er ein jugendliches Geschwisterpaar auf einem Hotelbalkon

Natürlich sind Felix diese gesellschaftlichen Sphären noch verschlossen, jedoch gelingt es ihm, sich zumindest ein wenig dieser Welt zu nähern, indem er z. B. für reiche Theater- oder Restaurantbesucher die Droschken herbeiruft und elegant die Türen aufhält. Sein Lohn ist nicht selten klingende Münze, jedoch ist ihm viel wichtiger, von den vornehmen Menschen ob seiner Liebenswürdigkeit und Gefälligkeit nicht nur bemerkt, sondern sogar überrascht und erfreut gemustert zu werden, mit ihnen einen intensiveren Augenkontakt herstellen zu können.

Fünftes Kapitel (90–112)

Felix bereitet sich nun auf die Musterung vor. Natürlich möchte er dem Militärdienst entkommen, um schnell nach Paris abreisen zu können. Anhand eines medizinischen Nachschlagewerkes studiert er verschiedene Krankheitssymptome ein, um sie bei der Musterung überzeugend simulieren zu können.

Akribisch bereitet er sich auf seinen Auftritt bei der Musterungskommission vor

Am Tag der Musterung begibt sich Felix nach Wiesbaden, wo er in einer schäbigen Kaserne auf eine große Anzahl weiterer Jungen und Männer verschiedenen Alters und Standes trifft, denen er sich überlegen fühlt. Während der langen Wartezeit hält er sich abseits. Als er schließlich – seiner Kleidung entledigt – in den Untersuchungsraum tritt, beginnt sein bis ins Detail geplanter Auftritt.

Anders als einige seiner Vorgänger, die sich mit wenig überzeugenden Behauptungen über vorliegende Erkrankungen – wie von der Musterungskommission erwartet – dem Dienst entziehen wollen, bringt Felix vor, er sei absolut diensttauglich. Damit überrascht und verwirrt er den untersuchenden Arzt, den er zudem fortwährend mit höheren, diesem nicht gebührenden Titeln anredet.

Er täuscht einen epileptischen Anfall vor und wird für dienstuntauglich erklärt

Während der nun folgenden Untersuchung lässt Felix erst nach und nach – entgegen seinen Behauptungen, nie ernsthaft krank gewesen zu sein – durchblicken, dass er schon immer an Kopfschmerzen, Konzentrationsschwächen und Phasen völliger geistiger Abwesenheit gelitten habe. Gleichzeitig berichtet er – scheinbar widerwillig – vom Schicksal seines Vaters. Als Höhepunkt simuliert er vor der schockierten Kommission mit Gesichtszucken, Grimassen und extremen körperlichen Verrenkungen einen epileptischen Anfall. Der entsetzte Stabsarzt diagnostiziert nun – genau wie von Felix eingefädelt – Epilepsie aufgrund erblicher Vorbelastung und erklärt ihn, zu dessen vorgetäuschtem Leidwesen, als ausgemustert. Hochgestimmt und gleichzeitig erschöpft von seinem anstrengenden Auftritt kehrt Felix nach Frankfurt zurück.

Sechstes Kapitel (113–125)

Die kommenden Monate bis zu seiner Abreise nach Paris verbringt Felix wieder mit seinen gesellschaftlichen ‚Studien' in Frankfurt, hält sich dabei aber von seinesgleichen fern. Dank seines attraktiven, androgynen Äußeren ist er sowohl für Männer wie für Frauen anziehend und erhält durchaus Angebote von vornehmeren Herren. Damen höheren Standes sind für ihn (noch) unerreichbar.

Felix ist für Männer und Frauen attraktiv, freundet sich mit Prostituierten an

Stattdessen macht Felix nähere Bekanntschaft mit Frankfurter Prostituierten, beobachtet ihr Auftreten und aufgeputztes Aussehen, freundet sich sogar ein wenig mit ihnen an. Als Kunde kommt er jedoch aufgrund mangelnden Reichtums nicht in Frage. Gleichzeitig muss er sich vor den Zuhältern in Acht nehmen.

Eines späten Abends trifft er in einem Kaffeehaus die ungarische Prostituierte Rozsa, die ihn mit zu sich nach Hause nimmt. Er erfährt, dass sie schon in Ungarn als

Prostituierte gearbeitet hat und von einem reichen älteren Kaufmann nach Wien mitgenommen wurde. Nach dessen Tod geht sie nun wieder ihrer alten Tätigkeit auf der Straße nach. Felix erweist sich als begabter Liebhaber, seine Beziehung zu Rozsa wird für ihn zu einer – auch für seine Zukunft wichtigen – „Liebesschule" (125). Dass er nebenbei für ein paar Monate auch ihr Zuhälter ist, hält er in seinem Fall moralisch nicht für verwerflich.

Er beginnt eine Beziehung mit Rosza, ist zeitweise auch ihr Zuhälter

Siebentes Kapitel (125–143)

Endlich kann Felix im Herbst nach Paris abreisen, in der dritten Klasse des Zuges (das letzte Mal, wie er bereits andeutet). Unterwegs beschäftigt er sich freundlich mit den kleinen Kindern der Mitreisenden, die Erwachsenen findet er zu gewöhnlich und schwer zu ertragen.

An der Grenze beeindruckt er den französischen Zollbeamten mit seinen Französisch-Kenntnissen, obwohl er angesichts seiner kargen Habe gar nichts zu befürchten hat. Zufällig sieht er ein kleines Schmuckkästchen einer vornehmen Dame, das beim Auspacken ihres Koffers in der Nähe seines Gepäcks gelandet ist. Felix stiehlt das Kästchen unbemerkt, stellt dies aber so dar, als habe er es ganz ungewollt an sich genommen, als sei es gleichsam wie von Zauberhand in seinem Koffer verschwunden.

Auf dem Weg nach Paris stiehlt Felix einer Dame das Schmuckkästchen

Im zunächst regnerischen und abweisenden Paris nimmt Felix im Bus nach und nach die Sehenswürdigkeiten der Stadt wahr. Im vornehmen Hotel „Saint James and Albany" geht er – zum Missfallen des Concierge – durch den Haupteingang und verärgert schließlich auch den arroganten Rezeptionisten, der ihn maßregelt, das Foyer sei lediglich für die Gäste bestimmt. Schließlich weist dieser ihm einen Schlafsaal für die Angestellten zu, der – wie schon ein Hotelboy Felix ankündigt – mit vier Stockbetten eng, karg und unwirtlich ist.

Im Hotel wird ihm ein karger Schlafplatz zugewiesen

Felix, der sich allein wähnt, öffnet schließlich das gestohlene Kästchen und betrachtet hocherfreut die zahlreichen, offensichtlich wertvollen Schmuckstücke, die es enthält. Plötzlich spricht ihn von oben ein anderer Ange-

stellter an, der dort krank im Bett liegt und alles beobachtet hat. Dies ist der Kroate Stanko, der in der Hotelkü-
che beschäftigt ist. Er bietet Felix an, ihm die Adresse
eines Hehlers zu geben, verlangt dafür aber die Hälfte
des Erlöses.

Achtes Kapitel (144–174)

Am nächsten Morgen begibt sich Felix zum Frühstück in
die Kantine der Angestellten, wo er gleich wieder mehrere Anwesende mit seinem Charme erfreut. Allerdings
traut er Stanko nicht über den Weg, so dass er schnell in
den Raum zurückkehrt, um sein Diebesgut zu sichern.

Sein Mitbewohner
Stanko vermittelt
Felix einen Hehler
für den gestohle-
nen Schmuck

Zusammen mit Stanko beziffert er den Wert der Juwelen,
der natürlich höher ist als die 10 000 Franken, die er laut
Stanko dafür erhalten könnte. Schließlich gibt dieser Felix die Adresse eines Hehlers, nachdem sie sich auf Stan-
kos Anteil (ein Drittel des Erlöses) geeinigt haben.

Bald darauf wird Felix zum Hoteldirektor Stürzli gebracht, den die Angestellten aufgrund seiner Physiognomie Rhinozeros nennen. Sürzli fragt ihn zunächst nach
seinem Paten Schimmelpreester und bemerkt dann –

Felix beeindruckt
auch Direktor
Stürzli

wohl beeindruckt von Felix' attraktivem Äußeren –, dass
er bestimmt Erfolg bei den Damen haben werde. Als er
ihn nach seinen Fremdsprachenkenntnissen fragt, gelingt Felix der nächste große Auftritt. Allein aus den
Brocken, die er in verschiedenen Lebenssituationen auf-
geschnappt hat, und aufgrund seiner von ihm behaupte-
ten natürlichen Begabung präsentiert er dem Direktor
mehr oder weniger sinnfreie, mimisch und gestisch
überzogene Reden auf Französisch, Englisch und Italie-
nisch. Stürzli ist überzeugt und macht ihn zum Liftboy
namens Armand.

Die bestohlene
Dame ist Gast im
Hotel

Nachdem Felix eine entsprechende Uniform erhalten hat,
fährt er mit dem Lift wieder nach oben. Er will die gestohlenen Juwelen so schnell wie möglich veräußern. Im
Lift fahren mehrere Hotelgäste mit, unter anderem eine
gut gekleidete Dame von etwa 40 Jahren, in der Felix zu
seiner Überraschung die Frau erkennt, der er beim Zoll
das Schmuckkästchen gestohlen hat.

Felix macht sich sodann auf den Weg zu dem ihm von Stanko genannten Uhrmacher und Hehler Pierre Jean-Pierre, um die gestohlenen Juwelen zu versetzen. Dieser erweist sich als gewiefter Verhandler, doch nach langem Feilschen erhält Felix zumindest die Hälfte des vorher angenommenen Betrages, 4400 Franken. Enttäuscht, aber auch zu eitel, um Stanko den Misserfolg zu gestehen, beschließt er, diesem wie verabredet 3000 Franken zu zahlen. Von seinem Anteil des Geldes leistet sich Felix eine völlig neue, elegante Garderobe, gönnt sich ein gutes Essen und anschließend ein paar vergnügliche Stunden in einem Panoptikum und einem Varieté. Nach seiner Rückkehr ins Hotel stellt sich heraus, dass Stanko bereits damit gerechnet hat, dass Felix nicht die 9000 Franken erreichen würde. Er gibt ihm daher 1000 von den 3000 Franken zurück.

Felix versetzt den Schmuck mit mäßigem Erfolg

Neuntes Kapitel (175–190)

Bei seiner Arbeit als Liftboy macht Felix aufgrund seiner Höflichkeit und seines rücksichtsvollen Verhaltens einmal mehr Eindruck auf die Hotelgäste. Schließlich trifft er auch die von ihm bestohlene Dame, Madame Houpflé, wieder, der er nach einem Einkauf die Pakete in ihre Suite trägt. Ihrem Versuch, ihn zu verführen, widersteht er, da er noch zu arbeiten hat. Die beiden vearbreden sich zu einem Rendezvous am späten Abend.

Bei Felix' nächtlichem Besuch im Schlafzimmer Madame Houpflés stellen sich die eigenwilligen erotischen Wünsche der Dame, die unter dem Namen Diane Philibert Romane veröffentlicht, heraus. Sie genießt es, von einem jungen, dazu noch ungelehrten und aus niedrigerem Stand stammenden Mann geliebt zu werden. Sie gesteht, dass sie nur die ganz jungen, schönen und knabenhaften Männer anziehend und sexuell attraktiv findet, und vergleicht Felix mit dem – ihm bis dahin unbekannten – Gott Hermes.

Er verbringt eine Nacht mit der bestohlenen Madame Houpflè

Schließlich verlangt sie sogar, von Felix wie eine Hure behandelt und auch geschlagen zu werden, was dieser ablehnt. Allerdings gesteht er ihr nun, dass er es war, der beim Zoll ihre Juwelen gestohlen hat. Madame ist entzückt; die Juwelen bedeuten ihr nichts, da ihr Mann, ein Klosettschüsselfabrikant, ungeheuer reich ist und ihr ständig Geschenke macht. Vielmehr empfindet sie Felix' Tat als die Demütigung, die sie sich wünscht. Mehr noch: Sie bringt ihn dazu, ihr in ihrem Beisein noch weitere Schmuckstücke und einen hohen Geldbetrag zu stehlen, was sie auch sexuell befriedigt.

Drittes Buch

KURZINFO

Felix' Karriere als Hochstapler

- Felix besucht eine Zirkusvorstellung, fühlt sich mit den Artisten, besonders einer Trapezkünstlerin, verbunden.
- Im Hotel arbeitet er sich zum allseits beliebten Kellner hoch. Die junge Eleanor und der ältere Lord Kilmarnock verlieben sich ihn, aber er lehnt ihre Angebote ab.
- Felix führt ein Doppelleben: Aufgrund der von Madame Houpflé gestohlenen Schätze kann er sich abends als vornehmer und wohlhabender junger Mann geben.
- Dabei trifft er auf den ihm eigentlich als Hotelgast bekannten Marquis de Venosta. Dieser bietet Felix an, an seiner Stelle die Weltreise zu unternehmen, die ihm seine Eltern schenkten, um ihn von der unstandesgemäßen Beziehung zur Sängerin Zaza abzubringen.
- Felix übernimmt begeistert die Rolle des Marquis und bricht mit dem Zug nach Lissabon auf, wo die Kreuzfahrt beginnen soll.
- Im Zug trifft er auf Professor Kuckuck, der ihn in einem langen Gespräch sehr beeindruckt.
- In Lissabon bleibt Felix als Venosta länger als geplant, verbringt viel Zeit mit Kuckucks Frau und Tochter und bewegt sich erfolgreich in der höheren Lissabonner Gesellschaft – bis zu einer Audienz beim König.
- Obwohl er eigentlich die Tochter Zouzou verführen möchte, ist er gleichermaßen fasziniert von der Mutter Maria Pia. Am Ende kommt es zu einer leidenschaftlichen Liebesszene zwischen den beiden.

Erstes Kapitel (191–205)

Das „Erlebnis fürs Leben" (191), wie Felix die Liebesnacht mit Madame Houpflé nennt, hat sich für ihn gelohnt: Zusammen mit dem Schmuck, den er wieder dem Hehler Jean-Pierre verkauft, und dem gestohlenen Bargeld hat er sein Kapital auf 12 350 Franken erhöht. Er zahlt das Geld auf ein Sparkonto ein, setzt aber seine unbezahlte Arbeit im Hotel fort, um sich ohne Ablenkung seinem weiteren gesellschaftlichen Aufstieg zu widmen.

Trotz seines Kapitals arbeitet Felix weiter im Hotel

Mit Stanko verbringt er öfter seine freie Zeit, obwohl er sich diesem weit überlegen fühlt. So besuchen die beiden eines Tages auch eine Vorstellung des Circus Stoudebecker – ein Erlebnis, das Felix zutiefst beeindruckt. Er bewundert die waghalsigen Leistungen der Artisten und die

Mit Stanko besucht er eine Zirkusvorstellung

verrückten, phantasievollen Darbietungen der Clowns, die für ihn jenseits einer gewöhnlichen menschlichen Existenz stehen.

Felix ist fasziniert von der Trapez- künstlerin ...

Am meisten fasziniert ihn aber die Trapezkünstlerin Andromache, deren Vorführung für ihn die Grenzen des Menschenmöglichen berühren. Nicht nur aufgrund ihres androgynen Äußeren und der todesmutigen Kunststücke, sondern vielmehr auch wegen ihrer in jeglicher Hinsicht über alle Anwesenden hinweggehobenen Stellung sieht Felix die „Tochter der Lüfte" (198) sogar eher als „ernste[n] Engel der Tollkühnheit" (200) denn als Mensch.

... und fühlt sich mit ihr verbunden

Im Gegensatz zu Stanko und dem übrigen Publikum ist Felix nicht überwältigt im rein passiven Genuss der weiteren erstaunlichen zirzensischen Darbietungen, stattdessen stellt er eine heimliche Verwandtschaft mit den Artisten fest. Er fühlt sich ihnen verbunden, weil er in seinem Verständnis selbst vom „Fach der Wirkung, der Menschenbeglückung und -bezauberung" (203) ist. Das hebt ihn letzten Endes auch von Stanko ab, und als dieser ihn dazu bringen will, gemeinsam in eine Villa im reichen Stadtteil Neuilly einzubrechen, lehnt Felix ab. Die Beziehung der beiden lockert sich und löst sich schließlich ohne Streit ganz auf.

Zweites Kapitel (205–231)

Felix, der seiner Anstellung als Liftboy überdrüssig ist, hat eines Tages das Glück, vom Chef des Servicepersonals, Machatschek, geprüft und dann eingestellt zu werden. In der strengen Service-Hierarchie muss sich Felix allerdings zunächst ganz unten einordnen: als Helfer in der Küche, wo er die Essensreste vom abgeräumten Geschirr entfernt.

Felix arbeitet sich zum Kellner im Speisesaal hoch

Da er seine Sache gut macht und sich auch bereits auf eigene Kosten den Kellner-Frack hat schneidern lassen, wird er nach einigen Wochen zum Hilfsdienst im Speisesaal beordert. Auch hier erregt er – wie schon zuvor – das Wohlgefallen der Hotelgäste, vor allem der Damen, was Machatschek nicht verborgen bleibt. So verdrängt Felix bald Hector, den eigentlich über ihm stehenden

Kellner, und darf von nun an auch Bestellungen entgegennehmen und servieren.

Sein Erfolg führt allerdings zu Komplikationen: Sowohl die junge Eleanor Twentyman, Tochter eines reichen Ehepaares aus Birmingham, als auch der etwa 50-jährige, wohlhabende Lord Kilmarnock aus Schottland verlieben sich in den charmanten Kellner. Eleanor will mit ihm durchbrennen und der einsame Lord möchte ihn als persönlichen Kammerdiener auf sein Schloss mitnehmen, ihn sogar später adoptieren und als Erben einsetzen.

Die junge Eleanor Twentyman und der reiche Lord Kilmarnock verlieben sich in Felix

Höflich, aber bestimmt weist Felix die leidenschaftlichen Avancen Eleanors ab, indem er auf die Unschicklichkeit einer solchen Verbindung hinweist. Auch das Angebot Lord Kilmarnocks nimmt er nicht an, obwohl er die Gefühle des Älteren respektiert und die Zurückweisung ihm schwerer fällt. Felix möchte aber die Unabhängigkeit seiner Lebensentscheidungen nicht aufgeben, keinen – ihm bereits von Schimmelpreester angekündigten – „Seitenpfad" (225) einschlagen.

Er lehnt ihre Angebote ab

Drittes Kapitel (231–238)

Bei der Beobachtung der Hotelgäste, für ihn größtenteils „polierte[r] Pöbel" (231 f.), der seine gehobene Stellung nur seinem Reichtum verdankt, sinniert Felix darüber, dass viele der Kellner ebenso die Bedienten und viele der Gäste ebenso die Dienenden sein könnten. Vor allem sieht er sich selbst aufgrund seines feinen und angenehmen Verhaltens durchaus in der Lage, mit einem der vornehmen jungen Herren zu tauschen.

Hier denkt er vor allem – und sehr vorausschauend – an den Marquis Louis de Venosta, der, aus einem reichen, adligen Elternhaus in Luxemburg stammend, das sorglose und leichte Leben eines dilettierenden Kunststudenten in Paris führt. Häufig isst er mit seiner Geliebten Zaza, einer Varietésängerin, im Hotel zu Abend und wird dabei von Felix bedient. Die kurzen Unterhaltungen der drei sind bestimmt von charmant-scherzhaftem Austausch. Einmal spricht sogar der Marquis im Spaß einen Rollentausch mit Felix an.

Im Hotel bedient er häufig den Marquis de Venosta und dessen Geliebte

Felix führt inzwischen eine Art Doppelleben, wie er es selber nennt (vgl. 238): Er hat sich außerhalb des Hotels ein kleines Privatzimmer gemietet, in dem er seine nach und nach angeschaffte elegante Abendgarderobe aufbewahrt. Von hier aus geht er – auf dem Weg zu einem „höhere[n] Leben" (236) – an seinen freien Abenden in vornehme und teure Restaurants und nachher auch in ein Theater oder in die Oper. Er empfindet seine beiden Rollen gleichermaßen als befriedigend und sieht für sich keine eindeutig bestimmbare oder gar fest vorhandene Identität.

Abends geht Felix als feiner Herr aus

Viertes Kapitel (238–261)

An einem Juli-Abend – Felix ist wieder als vornehmer Herr unterwegs, möchte auf der Dachterrasse eines edlen Hotels speisen und anschließend in die Oper gehen – trifft er dort zufällig den Marquis de Venosta. Dieser gesellt sich schließlich an Felix' Tisch. Venosta hält ihn, nach der ersten Überraschung, für einen Sohn aus gutbürgerlichem, wohlhabendem Elternhaus, der durch seine Kellnerarbeit lediglich auf höhere Ziele vorbereitet werden soll; Felix lässt ihn in dem Glauben.

In dieser Rolle begegnet er dem Marquis

Der Marquis klagt Felix sein Leid: Seine Eltern sind empört über die unstandesgemäße Liaison des Sohnes mit Zaza und drohen indirekt mit Enterbung, sollte er seinen Plan, die junge Frau zu heiraten, verwirklichen. Als letztes Mittel, ihn von der unerwünschten Zaza zu trennen, wollen sie Louis eine einjährige Weltreise finanzieren. Dieser befindet sich in einem Dilemma: Er möchte nicht auf das Erbe verzichten und hat deshalb der Reise zugestimmt, doch gleichzeitig will er keinesfalls ein Jahr lang von Zaza getrennt sein

Venosta bietet Felix an, an seiner Stelle eine Weltreise zu unternehmen

Schließlich unterbreitet Venosta Felix den Vorschlag, mit ihm die Rollen zu tauschen: Dieser soll als Venosta die Reise unternehmen, so dass der Marquis sich mit Zaza heimlich ein Liebesnest außerhalb von Paris bauen kann. Felix, der zunächst zum Schein allerlei Bedenken geäußert hat, geht schließlich – seinem heimlichen Wunsch folgend – auf den Vorschlag ein.

Die beiden Männer besprechen anschließend die konkreten Bedingungen: Venosta wird Felix die Kreditbriefe des Vaters über 20 000 Franken für die Reise übergeben, wofür Felix sich schnell und mühelos Louis' Unterschrift aneignet. Er wird von Venosta mit konkreten Einzelheiten und Anekdoten aus dessen Familie versorgt, z. B. dass seine Eltern ihn Loulou nennen. So kann Felix aus der Ferne immer mal wieder an seine vermeintlichen Eltern schreiben, ohne diese stutzig zu machen. Andererseits wird Felix dem Marquis als Lebensunterhalt sein Sparguthaben von 12 000 Franken überlassen.

Felix wird für die neue Rolle als Venosta ausgestattet …

Fünftes Kapitel (261–287)

Für Felix, der ja bereits als kleiner Junge den Kaiser mimte, geht mit dem bevorstehenden Rollentausch ein Kindheitstraum in Erfüllung. Euphorisch kündigt er – gegen den Willen Monsieur Machatscheks – seine Stellung im Hotel, um sich auf seine Abreise vorzubereiten. Der Marquis de Venosta übergibt Felix im Tausch mit dessen 12 000 Franken die Kreditbriefe und schenkt ihm auch noch einige Schmuckstücke, z. B. eine Kopie seines Siegelringes mit dem Familienwappen. Zudem überlässt er ihm auch sein Skizzenbuch, damit Felix von unterwegs Venostas Eltern ab und zu Zeichnungen zukommen lassen kann.

… und kündigt seine Stelle im Hotel

Felix fährt bald darauf mit dem Zug nach Lissabon, wo er sich eine Woche später auf der „Cap Arcona" nach Buenos Aires einschiffen soll. Zum Abendessen wird er im Speisewagen am Tisch eines älteren Herrn platziert, der sich später als Professor Kuckuck, Paläontologe und Direktor des Naturhistorischen Museums in Lissabon, vorstellt. Der Professor, der schon lange in Lissabon lebt, mit einer Portugiesin verheiratet ist und eine Tochter namens Zouzou hat, empfiehlt Felix, sich auf jeden Fall Zeit bei der Erkundung der Stadt Lissabon zu nehmen.

Im Zug nach Lissabon begegnet er Professor Kuckuck

Felix lauscht zunehmend fasziniert dem Vortrag des Professors, in dem dieser ihm die Entwicklung des Lebens im Verlauf der verschiedenen Erdzeitalter erläutert und dabei betont, dass es darin nur eine kurze Episode darstellt. Er philosophiert über die Vorstellungen von Sein und Nichts und erweitert die Betrachtungsweise noch ins Astronomische, indem er beschreibt, dass auch unser Sonnensystem nur ein kleines Mosaiksteinchen im Weltall ist. Der Mensch, als eine Entwicklung aus dem Organischen, unterscheidet sich laut Kuckuck nur durch sein Bewusstsein von der Endlichkeit des Daseins vom Tier und einer daraus resultierenden „Allsympathie" (287) für alles Existierende.

Der Professor hält ihm einen beeindruckenden Vortrag

Sechstes Kapitel (288–310)

Das lange, beeindruckende Gespräch mit Professor Kuckuck beschert Felix im Zug eine unruhige Nacht und wirre Träume, in denen u. a. die unbekannte Zouzou und Zaza verschmelzen. Nach der Ankunft in Lissabon bezieht er eine luxuriöse Suite im Hotel Savoy Palace und genießt die Annehmlichkeiten des vornehmen Hauses. Er löst ohne Probleme bei der Bank einen Geldbetrag ein, telegrafiert seinen ‚Eltern' die Ankunft und gibt bei der luxemburgischen Gesandtschaft formvollendet seine Visitenkarte ab.

Anschließend spaziert er durch die Straßen Lissabons, nimmt ab und zu Kontakt mit Einheimischen auf und setzt sich schließlich auf der Terrasse eines Cafés zum Tee nieder. Am Nachbartisch nimmt er zwei Frauen, offensichtlich Mutter und Tochter, und einen jüngeren Mann wahr. Da ihn das junge Mädchen an Zaza erinnert, ahnt er, dass hier der Zufall die Hand im Spiel haben könnte: Er wendet sich an den jungen Herrn unter dem Vorwand, den bequemsten Weg zur Villa Professor Kuckucks erfragen zu wollen. In der Tat stellt sich heraus, dass es sich bei den Damen um Kuckucks Ehefrau Maria Pia und Tochter Zouzou handelt. Der Mann ist Miguel Hurtado, Kuckucks wissenschaftlicher Mitarbeiter.

Felix' zufällige Begegnung mit Mutter und Tochter Kuckuck auf einem Spaziergang durch Lissabon

In der nun folgenden Konversation entgegnet Zouzou Felix geradeheraus und schnippisch, was ihre Mutter mehrmals missbilligt. Felix verabredet mit Hurtado für den nächsten Vormittag den Besuch im Naturhistorischen Museum. Senhora Kuckuck lädt ihn danach zum Mittagessen ein. Als Felix sich schließlich verabschiedet, nennt er Zouzou versehentlich Zaza.

Siebentes Kapitel (310–320)

Im Naturhistorischen Museum wird Felix am nächsten Tag von Hurtado und dann auch von Professor Kuckuck empfangen, der ihn mit Erklärungen durch die Ausstellung führt. Felix ist zutiefst beeindruckt von den zahlreichen Exponaten, besonders von den verschiedenen Sauriern. Gleichzeitig ist er geschmeichelt, dass er persönlich vom Museumsdirektor geleitet wird und nicht, wie das übrige Publikum, auf die schriftlichen Erklärungen an den Ausstellungsstücken angewiesen ist.

In seiner übergroßen Selbstliebe empfindet Felix, dass die ihm präsentierten verschiedenen Stationen der Evolution letztlich auf ihn selbst hinauslaufen. Nun befindet sich die Darstellung der menschlichen Evolution und ihrer Ausprägungen ausgerechnet im Souterrain des Museums, was nicht einer gewissen Ironie entbehrt angesichts von Felix' Bild des Menschen als Krönung der Schöpfung.

Felix' Besuch im Naturhistorischen Museum

Achtes Kapitel (320–334)

Beim Mittagessen mit der Familie Kuckuck ist Felix insgeheim enttäuscht von dem eher beengten, bürgerlichen Ambiente des Hauses. Umso mehr fasziniert ihn das beeindruckende, nahezu majestätische Aussehen und Auftreten der Senhora Kuckuck. Gleichzeitig bemüht er sich auch wieder um die widerspenstige Tochter Zouzou und überlegt sogar, die Weiterreise zu verschieben, um sie erobern zu können.

Felix ist zum Mittagessen bei Familie Kuckuck eingeladen

Beim folgenden Spaziergang mit den beiden Damen und Hurtado im Botanischen Garten diskutiert Felix mit Zouzou über den Zauber der Liebe. Dabei erwähnt er beiläufig, dass er sie gezeichnet habe. Sofort verlangt Zouzou, die Zeichnungen (in denen Felix nur die Zeichnungen des echten Venosta von Zaza mit Zouzous Haarlöckchen ergänzt hat) zu sehen, was er hinauszögert. Später umschmeichelt Felix wieder die Mutter, preist ihre Reife und hebt die für ihn so wichtige „Schönheit im Doppelbilde" (333) hervor, die sich ihm in Mutter und Tochter darbietet. Zum Abschied äußert Senhora Kuckuck den Wunsch, Felix noch einmal zu sehen. Mit Zouzou wird

Anschließender Spaziergang mit den Damen

daraufhin ein Tennismatch verabredet und danach ein weiteres gemeinsames Mittagessen.

Neuntes Kapitel (334–364)

In einem langen Brief an die ‚Mutter' schildert Felix seine Erlebnisse in Lissabon

Das Kapitel besteht zu zwei Dritteln aus einem langen, wörtlich wiedergegebenen Brief Felix' als Loulou an seine ‚Eltern' de Venosta in Luxemburg. Er hat seine Weiterreise um mehrere Wochen verschoben und begründet bzw. rechtfertigt dies einerseits damit, dass ihm durch die Bekanntschaft mit Professor Kuckuck und dessen Ausführungen sowie der vielen Sehenswürdigkeiten Lissabons ein großer, aber zeitaufwendiger Bildungszuwachs geschenkt wurde. Die Attraktivität der Kuckuckschen Damen erwähnt er nicht, sondern setzt diese eher herab.

Als noch gewichtigeren Grund führt Felix/Loulou allerdings seine Erfolge in der höheren Lissabonner Gesellschaft an, von denen er so detailliert wie amüsant berichtet. Ein Herrenabend beim Luxemburger Gesandten von Hüon mit Adligen und reichen Industriellen wird ihm zur Bühne eines für alle Anwesenden höchst unterhaltsamen Auftritts, während dessen er zahlreiche Episoden aus dem heimatlichen Schloss seiner Luxemburger ‚Familie' zum Besten gibt.

Er hatte sogar eine Audienz beim König

Daraufhin vermittelt ihm der Gesandte – wie Felix/Loulou stolz berichtet – eine gemeinsame Audienz beim portugiesischen König. Auch hier ist nach seiner Darstellung der Erfolg umfassend: Er beeindruckt und unterhält den König mit Lobpreisungen Lissabons und dessen (durchaus amateurhaften) künstlerischen Malversuchen und wiederholt die erheiternden Episoden. Dazu gibt er sich dem durch politische Unruhen gezeichneten König gegenüber als überzeugter Royalist und harter Kritiker jeglicher republikanischer bzw. demokratischer Tendenzen aus. Der König ist davon so beeindruckt, dass er ihm am nächsten Tag einen hohen portugiesischen Orden zukommen lässt. Hier endet der Brief.

Als nächstes berichtet Felix von seinem Tennisspiel mit Zouzou und einigen ihrer Bekannten. Da er nie zuvor

Tennis gespielt hat, kaschiert er seine zahlreichen Fehlschläge mit schauspielerischen Kabinettstückchen, die zwar keinen Erfolg bringen, den Zuschauenden aber beste Unterhaltung bieten. Da ihm ab und zu, wohl eher zufällig, einige geniale Schläge gelingen, ist am Ende Zouzou die Einzige, die seine völlige Unvertrautheit mit dem Spiel durchschaut. Dies verkündet sie ganz offen beim nachfolgenden Mittagessen mit ihren Eltern, zumal sie sehr verärgert darüber ist, dass Felix ihr noch immer nicht die verlangten Zeichnungen ausgehändigt hat.

Felix' wenig erfolgreiches Tennisspiel mit Zouzou

Das Kapitel schließt – wiederum in wörtlicher Wiedergabe – mit dem Antwortbrief der Marquise de Venosta an ihren ‚Sohn'. Wie erwartet, wird ihr Ärger über dessen eigenmächtige Verlängerung des Aufenthalts mehr als gemildert durch die Berichte seiner Erfolge in den höheren bis höchsten Kreisen Lissabons. Diese wurden ihr inzwischen übrigens auch durch einen Brief von Frau von Hüon, der Gattin des Luxemburger Gesandten, bestätigt. Zwar wundern sich die Eltern wohl ein wenig über die Gewandtheit ihres ‚Sohnes' in Wort und Benehmen, schreiben dies sowie seine politische Einstellung letzten Endes aber ihrer guten Erziehung zu. Am Ende versichert die Marquise ihn der weiteren finanziellen Unterstützung für die Reise.

Die Marquise de Venosta schreibt ihrem ‚Sohn' wohlwollend zurück

Zehntes Kapitel (364–382)

In den folgenden Wochen genießt Felix sein luxuriöses Leben in Lissabon. Er mietet sich eine repräsentative Kutsche, einerseits um zu den zahllosen Einladungen zu fahren, die ihn nach seinem gesellschaftlichen Erfolg erreichen. Andererseits unternimmt er damit häufig Spazierfahrten und Besichtigungen mit Mutter und Tochter Kuckuck und Hurtado. Er trifft Zouzou regelmäßig zum Tennisspielen und hinterher die gesamte Familie zum Essen. Zu seinem Bedauern erweist es sich als schwierig, mit Zouzou allein zu sein, um sein Ziel, sie zu verführen, zu erreichen.

Felix genießt seinen Aufenthalt in Lissabon

Aber auch die unterschiedlichen Auffassungen von der Liebe erschweren das Einverständnis und Sich-Näher-Kommen der beiden. Immer wieder versucht Felix, Zouzou die Liebe, die sie – vor allem in körperlicher Hinsicht – für abstoßend, unappetitlich und allein dem Vergnügen der Männer dienend hält, in poetischen Wendungen als rein und absichtslos darzustellen.

Vor allem bei einem Ausflug zum beeindruckenden Kloster Belem mit seinem wunderschönen Kreuzgang hält Felix Zouzou eine lange, ausschweifende Rede, in der er die Liebe als die einzige Möglichkeit bezeichnet, das grundsätzlich vorhandene Getrenntsein der Menschen zu überwinden und in einer vollkommenen Harmonie des Einsseins aufzulösen. Anscheinend kurz beeindruckt reicht Zouzou ihm die Hand, fordert ihn aber sodann wieder auf, ihr endlich die Zeichnungen auszuhändigen. Dazu verabredet sie sich zu seiner freudigen Überraschung zu einem heimlichen Treffen im Garten ihres Hauses.

Elftes Kapitel (382–399)

Felix' Aufenthalt in Lissabon neigt sich dem Ende zu. Noch einmal besucht er das Naturhistorische Museum. Bei dieser Gelegenheit lädt Professor Kuckuck ihn ein, zusammen mit seiner Familie und Hurtado einen Stierkampf zu besuchen. Felix zögert zunächst, da er sich vor dem blutigen Töten der Stiere fürchtet, willigt dann aber ein, als der Professor ihm ein wichtiges Bildungserlebnis voraussagt.

Am Tag der Corrida beschreibt Felix beeindruckt die festlich gekleideten Menschen auf dem Weg zur Arena und die feierliche und erwartungsvolle Stimmung, die dort herrscht. Besonders fasziniert ist er von der strengen, eleganten, im iberischen Stil gehaltenen Aufmachung Senhora Maria Pias. Während der Vorstellung kann er kaum die Augen von ihr lassen und bemerkt unter ihrer äußeren Beherrschung die Leidenschaft, die das Schauspiel in ihr auslöst. Zouzou scheint vergessen.

Gleichwohl lässt er sich dann vom Höhepunkt der Corrida, dem Auftritt des jungen Stierkämpfers Ribeiro, gefangen nehmen. Das mühelos wirkende Duell des jungen, schönen und eleganten Ribeiro mit dem gewaltigen Stier ist für Felix wie eine vollendete Theateraufführung – das Publikum ähnlich begeisternd wie seinerzeit der Operettenstar Müller-Rosé oder später die Zirkusartisten, besonders Andromache. Professor Kuckuck erläutert ihm zudem die kultischen Hintergründe einer Corrida.

Unmittelbar vor seiner Abreise verabredet Felix sich dann endlich mit Zouzou zu einem heimlichen Treffen, um ihr die schon lange eingeforderten Zeichnungen zu geben. Ein wenig fürchtet er sich vor ihrer Reaktion, handelt es sich doch um Venostas Aktzeichnungen von Zaza, denen Felix lediglich Zouzous Haarfransen hinzugefügt hat. Und wirklich zerreißt Zouzou empört die Blätter, wirft sich dann aber zu Felix' Überraschung an seine Brust.

Die beiden küssen sich leidenschaftlich, doch dann erscheint die Mutter Maria Pia. Sie schickt Zouzou auf deren Zimmer und fordert Felix auf, ihr (Maria Pia) zu folgen. In ihrem eigenen Zimmer schimpft sie Felix für seine „Kinderei" (399) mit Zouzou aus und teilt ihm mit, dass das Mädchen über kurz oder lang Hurtado heiraten werde. Sie rät ihm statt dessen zur „Güte der Reife" (ebd.), woraufhin die beiden sich leidenschaftlich lieben.

Vor Felix' Weiterreise hat er ein Rendezvous mit Zouzou

Doch deren Mutter unterbindet alles Weitere und verführt Felix selbst

② Analyse und Interpretation

Figurenkonstellation

Hauptfigur und damit zentraler Charakter des Romans ist Felix Krull, der Verfasser der fiktiven Autobiografie. Den zahlreichen übrigen Figuren kommen fast ausschließlich Nebenrollen zu. Sie entwickeln keine ausgeprägte eigene Geschichte, sondern werden im Roman lediglich in ihrem Einfluss auf Felix und ihrer Bedeutung in dessen verschiedenen Lebensphasen geschildert.

Felix Krull

> **KURZINFO**
>
> **Eine schillernde Figur**
> - Seit jeher ist Felix hübsch, charmant, liebt Verkleidungen und Rollen – er hat aber auch einen Hang zum Betrügerischen, Täuschenden.
> - Er beeindruckt Männer wie Frauen unterschiedlichster Herkunft und gesellschaftlicher Stellung und ist ein leidenschaftlicher Liebhaber, nutzt dies direkt und indirekt zu seinem persönlichen Aufstieg.
> - Bei all seinen Handlungen ist er sich keiner Schuld bewusst, sondern sieht sie nur als Verwirklichungen seiner Träume und Phantasien.

Felix ist vielleicht einer der schillerndsten Helden Thomas Manns: gutaussehend und verführerisch, intelligent und geistreich, wortgewandt und geschickt – aber auch eitel und narzisstisch, manipulativ und betrügerisch. Zum Zeitpunkt seiner sogenannten „Bekenntnisse" ist er ungefähr 40 Jahre alt und schreibt nun über die erste Hälfte seines abwechslungsreichen Lebens, das wohl bis dato auch einen Aufenthalt im Zuchthaus beinhaltete. (Dies wird allerdings an einigen Stellen nur kurz angedeutet.)

Felix blickt 40-jährig zurück

Von Anfang an hält sich der an einem Sonntag im Mai Geborene auch im übertragenen Sinne für ein Sonntagskind, „ein Vorzugskind des Himmels" (13), dessen Leben vom Glück bevorzugt sein wird. Er verachtet die bürgerliche Enge seines Heimatortes und ist überzeugt, zu etwas Höherem berufen zu sein. Diese Vorstellung drückt sich schon früh, wenn vielleich auch noch unbewusst, in seiner Freude daran aus, sich als Kaiser durch die Straßen fahren zu lassen. Gleichzeitig weist dies bereits auf einen weiteren, später immer ausgeprägteren Charakterzug hin: Felix liebt die Verkleidung, das Rollenspiel. Er ist ein „Kostümkopf" (26), wie ihn sein Pate Schimmelpreester nennt, dem er in den unterschiedlichsten Kostümierungen Modell steht.

Felix hält sich für ein bevorzugtes Glückskind und liebt Verkleidungen

Immer wieder betont Felix sein ungewöhnlich schönes Aussehen, das später gleichzeitig Frauen wie Männer anzieht, besonders den reizvollen Kontrast seiner seidigen blonden Haare und der blauen Augen mit der eher dunkleren, „goldigen Bräune" (15) seiner Haut. Auch hebt er seine Gewandtheit und Intelligenz hervor, die er aber nicht etwa in der verhassten Schule erworben hat, sondern die ihm seiner Meinung nach gleichsam natürlich innewohnen.

Ebenfalls schon früh entwickelt er die Fähigkeiten, die er später zur Perfektion treiben wird: Er stiehlt (im Delikatessenladen), betrügt (fälscht die Unterschrift seines Vaters für Krankmeldungen in der Schule), simuliert Krankheiten und täuscht damit sowohl die Mutter wie den Arzt. All diese im Ansatz bereits kriminellen Handlungen wertet er um zu bewunderungwürdigen Verwirklichungen seiner Träume und Phantasien. Als besonderen Höhepunkt seiner kindlichen Kunst empfindet er sein – vom Vater tatkräftig unterstütztes – simuliertes Geigenspiel als scheinbares Wunderkind im Kurort und die dadurch ausgelöste Begeisterung des betrogenen Publikums – „vielleicht der unbedingt schönste" (24) Tag seines Lebens.

Schon als Kind und Jugendlicher stiehlt und betrügt er

Schon immer ist er, der kindliche Kaiser-Darsteller und Verkleidungskünstler, fasziniert vom Theater, von publikumswirksamen Auftritten jeglicher Art – sowohl als zunächst passiver Beobachter, später als Erwachsener zunehmend als überzeugender Akteur. Seine Erfolge reichen von der bühnenreifen Darbietung vor der Musterungskommission über die verschiedenen Rollen als bezaubernder Hotelangestellter in Paris bis zum Höhe-

Er ist fasziniert vom Theater und perfektioniert seine schauspielerische Begabung

punkt, der Darstellung des weltgewandten jungen Adligen, der es sogar bis zu einer Audienz beim portugiesischen König bringt.

Felix charakterisiert sich auch als sehr sinnlichen Menschen, wobei er vor allem seine über die Maßen vorhandene „Begabung zur Liebeslust" (53) hervorhebt. Eine erotische Empfänglichkeit zeigt sich in seiner Erinnerung schon als kleines Kind an der Brust der Amme. Als Jugendlicher hat er dann sein erstes sexuelles Erlebnis mit dem viel älteren Zimmermädchen Genovefa, später (in Frankfurt) ‚verfeinert' er seine Liebeskünste bei der Prostituierten Rozsa, um in Paris die eigenwilligen sexuellen Ansprüche der (ebenfalls älteren) extravaganten Madame Houpflé erfolgreich zu erfüllen (und gleichzeitig noch finanziell davon zu profitieren).

Am Ende verfällt ihm sogar die vornehm-zurückhaltende, fast majestätisch wirkende Senhora Maria Pia Kuckuck. Auch in diesem Zusammenhang hat Felix wieder seine eigene überhöhende Interpretation: Für ihn ist der sexuelle Akt – den er immer wieder diskret als „große Freude" (53 und öfter) bezeichnet – nicht etwa eine „Kleinigkeit" (55), sondern seine physischen wie psychischen Kräfte fordernde Handlung mit dem Ziel, nicht nur sich selbst, sondern auch seinem Gegenüber Glück und Erfüllung zu bereiten.

In seinen Augen hat sich Felix die ganze Zeit eine naive, fast kindliche Unschuld bewahrt. Ihm sei es immer darum gegangen, das „Große, Ganze und Weite" (56) einer Welt zu erfahren, die für ihn nur Schönes, fast Märchenhaftes bereithält. So kann er behaupten, dass er „zeit [s]eines Lebens ein Kind und Träumer verblieb" (56).

Felix erweist sich auch als begabter Liebhaber

Ihm fehlt es völlig an Schuldbewusstsein

Die Familie Krull

KURZINFO

Vater, Mutter und ältere Schwester

- Vater Engelbert ist frankophil, lebensfroh und genussfreudig; allerdings lebt er mit seiner Familie verschwenderisch und über seine Verhältnisse, so dass am Ende seine Firma bankrott ist. Er begeht daraufhin Selbstmord.
- Die Mutter ist ebenso verschwenderisch, allerdings langweilig und wenig anziehend. Erst nach dem Tod ihres Ehemannes führt sie in Frankfurt ein eigenständiges Leben.
- Die Schwester Olympia ist ebenfalls vergnügungssüchtig und macht einen körperlich-sinnlichen Eindruck. Trotz ihrer mittelmäßigen Stimme reüssiert sie aufgrund ihres Aussehens später als Operettensängerin.

Engelbert Krull, von Felix fast durchgängig „Mein armer Vater" (9 und öfter) genannt, besitzt eine Sektkellerei im Rheingau. Der von ihm produzierte Sekt „Lorley extra cuvée" entspricht von der Qualität her allerdings weder seinem hochtrabenden Namen noch der schönen Aufmachung der Flasche. Vater Krull, von Schimmelpreester halb scherzhaft als Giftmischer bezeichnet, gibt dies auch offen zu, begründet diese geschäftliche Hochstapelei aber zerknirscht mit Sachzwängen und den Wünschen von Kunden, denen es sowieso nur um den schönen Schein gehe (vgl. 10).

Vater Krull vertreibt schlechten Sekt in schön aufgemachten Flaschen

Ungeachtet seiner geschäftlichen Probleme ist der Vater ein lebenslustiger Genießer: Er liebt die französische Lebensart, Frauen (bei denen er trotz seines beträchtlichen Leibesumfangs durchaus Erfolge hat), leistet sich sogar in einer Art Doppelleben eine Zweitwohnung in Mainz für seine Liebschaften. Im Heimatort gibt er rauschende, verschwenderische Abendgesellschaften, die zu fortgesetzter Stunde in erotische Spiele ausarten und nicht nur das gesellschaftliche Ansehen der Familie in ihrem gutbürgerlichen Umfeld beeinträchtigen, sondern auch den geschäftlichen Untergang beschleunigen, so dass es schließlich zum Konkurs der Firma kommt.

Er ist ein Genießer, lebt aber über seine Verhältnisse

In gewisser Weise ist der Vater aber Felix, der ihm viel näher steht als seiner Mutter und Schwester, in der Freude am Genuss und generell am schönen Leben ein Vorbild – und übrigens auch in seiner Bereitschaft zu kleinen

Betrügereien (man denke nur an den vom Vater initiierten Auftritt seines Sohnes als Geige spielendes Wunderkind). Daher ist der Selbstmord des Vaters, der nach dem Verlust der Firma am Ende vor der Unmöglichkeit kapituliert, das von ihm so geliebte Leben mit seiner Familie angemessen fortsetzen zu können, der erste große Wendepunkt in Felix' Leben.

Sein Selbstmord ist ein Schock für Felix

Zu seiner **Mutter**, die im gesamten Text namenlos bleibt, hat Felix keine vergleichbar enge Beziehung, im Gegenteil: Er sieht sie zu Anfang durchaus kritisch, beschreibt sie als „unscheinbare Frau von wenig hervorragenden Geistesgaben" (18), die ihrem treulosen Ehemann gegenüber nach Felix' Meinung nachsichtiger hätte sein sollen. Ihrem Mann ähnlich ist sie in ihrer Genussfreudigkeit und Leichtlebigkeit, aber auch hier macht Felix einen Unterschied: Während er seinem Vater darin eine gewisse „Anmut" (ebd.) bescheinigt, sieht er bei seiner Mutter nur „ihre dumpfe Vergnügungssucht" (ebd.).

Die unscheinbare Mutter entwickelt sich erst in Frankfurt zur eigenständigen Persönlichkeit

Erst nach dem Konkurs der Firma und dem Tod des Vaters gelingt ihr – anfangs auch mit Felix' Hilfe – ein Neuanfang als selbstständige Pensionswirtin in Frankfurt. Sie erweist sich dabei als so geschickt und erfolgreich, dass sie später sogar über eine Erweiterung und die Einstellung einer Dienstmagd nachdenkt. Somit sieht Felix sie und ihr Etablissement „im Gleise" (80) und wendet sich wieder seinen eigenen Vergnügungen zu.

Felix' ältere Schwester **Olympia** wird von ihm als „dickes und außerordentlich fleischlich gesinntes Geschöpf" (18) beschrieben, das in einer ungewöhnlich engen, fast symbiotischen Beziehung mit der Mutter lebt. Die Frauen teilen ihre Freude an neckischen Vergnügungen und wohl auch erotischen Phantasien – einmal stellen sie gemeinsam einem jungen, in ihrem Hause arbeitenden Malergesellen nach. Olympia ist für kurze Zeit verlobt, dies löst sich aber nach dem Bankrott der Familie auf.

Auf Anregung und mit Unterstützung von Schimmelpreester geht nun auch Olympia einen eigenen Weg, indem sie eine Laufbahn als Operettensängerin anstrebt. Wie Felix schon früh andeutet, gelingt ihr dies tatsächlich später mit einigem Erfolg. Zwar ist ihre Stimme nicht die kräftigste, aber – wie Schimmelpreester humorvoll bemerkt – sie weiß „mit ihrem Pfunde, das aus zahlreichen Pfunden besteht, zu wuchern" (73). So wird auch hier ihr „Charakter" (ebd.), womit von ihm wohl hauptsächlich ihr üppiges Äußeres gemeint ist, ihr „Talent" (ebd.) überstrahlen – vereinfacht gesagt: Der Schein ist wichtiger als das Sein.

Die Schwester reüssiert später als Sängerin trotz mangelnder Begabung

Die Künstlerfiguren

KURZINFO

Einflussreiche Begegnungen

- Felix' Pate, der zwielichtige Maler Schimmelpreester, ist ein wichtiger Mentor: Er macht ihn mit der kriminellen Affinität des Künstlertums vertraut.
- Gleichzeitig bestärkt er Felix in dessen Selbstbild als besonders schöner und für viele Rollen und Verkleidungen begabter Mensch. Schließlich vermittelt er ihm die Anstellung im Pariser Hotel.
- Der Theaterstar Müller-Rosé lässt Felix zum ersten Mal deutlich das vom Publikum goutierte, ja gewünschte Täuschungspotenzial des Künstlers erkennen: Seiner strahlenden, verführerischen Bühnenerscheinung widerspricht sein eigentlich hässliches Äußeres und vulgäres Wesen.
- Die in der professionellen Liebeskunst erfahrene Prostituierte Rozsa hilft Felix in Frankfurt, seine sexuellen Liebesfertigkeiten zu vervollkommnen.
- In Paris sieht Felix in der Trapezkünstlerin Andromache ein Spiegelbild seiner selbst: Beide schaffen es in seinen Augen in ihrer Kunst zur Perfektion: Sie vermögen, die Menschen zu faszinieren und zu beglücken.

In Felix' Kindheit und Jugend ist sein Pate, der Maler **Schimmelpreester,** von dem er auch den Vornamen geerbt hat, die wichtigste Bezugsperson. Das auffälligste äußerliche Merkmal des untersetzten, ansonsten eher unscheinbaren Mannes ist sein scharfer und prüfender Blick hinter den übergroßen Gläsern seiner „Eulenbrille" (25), der alles und jeden zu durchdringen scheint.

Felix' Bezugsperson ist eine zwielichtige Figur: auch eine Art Hochstapler

Über Schimmelpreesters Vergangenheit macht Felix nur vage Andeutungen, denen immerhin zu entnehmen ist, dass sein Pate aufgrund irgendeines Skandals seine Heimatstadt Köln verlassen musste. Auch trägt er den Titel Professor wohl gar nicht zu Recht, ist also auch ein Hochstapler. Den zwielichtigen Eindruck von seiner Person unterstreicht er sogar selbst in der Interpretation seines interessanten Namens: Er sieht sich als ein Priester der von „Fäulnis und Schimmel" (24) beherrschten Natur, also gewissermaßen als Verehrer einer natürlichen Dekadenz.

Felix übernimmt Schimmelpreesters Kunstauffassung

Für Felix, der sehr viel Zeit mit ihm verbringt, ist er ein Mentor, der wichtige Aspekte von Felix' Charakterentwicklung fördert. Da ist zum einen des Paten Auffassung von Kunst und künstlerischem Tun: Anhand des Beispiels des antiken Phidias beschreibt Schimmelpreester den Künstler zugleich als Kriminellen – ein Zusammenhang, den das heuchlerische Publikum nicht wahrhaben möchte.

Zum anderen bestärkt Schimmelpreester Felix in dessen Eigenliebe und Selbsteinschätzung als äußerlich schöner, schauspielerisch begabter, zudem vielen Rollen gerecht werdender Jüngling, der zu Besserem bestimmt ist. Indem er seinem Patensohn über seinen alten Bekannten Stürzli, Hoteldirektor in Paris, eine Stelle in dessen Hotel „Saint James and Albany" vermittelt, ermöglicht er ihm den ersehnten Aufstieg in die große Welt.

Am Beispiel von Müller-Rosé lernt Felix die täuschende Wirkung von Verkleidungen kennen

Ähnlich wie sein Pate hat auch der zweite Künstler, dem Felix in seiner Jugend begegnet, einen sprechenden Namen: Es ist der Theaterstar und Operettensänger **Müller-Rosé**, den der junge Felix bei seinem ersten Theaterbesuch mit seinem Vater kennenlernt. Spräche man allein (analog zum Namen) von den zwei Seiten dieser Figur, würde man nur unzureichend die Erfahrung beschreiben, die diese Begegnung Felix beschert.

Auf der Bühne ist die im wahrsten Sinne des Wortes ,rosige' Seite des Schauspielers zu erleben: Mit seinen attraktiv geschminkten, makellosen Gesichtszügen, den vielen eleganten Kostümen, seinen leichten und anmutigen Bewegungen überstrahlt er alle anderen Personen und erzeugt bei den Zuschauern eine Verzauberung, die einer völligen Selbstvergessenheit gleichkommt. Gleich „einem ungeheuren Schwarme von nächtlichen Insekten, der sich stumm, blind und selig in eine strahlende Flamme stürzt" (32), lassen sich alle von diesem „Anblick des Schönen und Glücklich-Vollkommenen" (31) verführen.

Umso größer ist Felix' Entsetzen, als er nach der Vorstellung mit seinem Vater den Künstler in seiner Garderobe besucht. Er trifft sozusagen auf Müller ohne Rosé, den Alltagsmenschen, die Realität – und die könnte nicht ‚ent-täuschender' sein. Müller-Rosé ‚entpuppt' sich nämlich halb entkleidet und abgeschminkt als ein abgrundtief hässlicher, selbstgefälliger und vulgärer Mensch, der in Felix nur noch Ekel hervorruft.

Anlässlich dieser Demaskierung des vor Kurzem noch strahlenden Idols fragt er sich, wie dessen Wirkung zu erklären ist. Er kommt schließlich zu dem Entschluss, dass dieser „unappetitliche Erdenwurm" (35) und die Menschen im Publikum in einer von stillem Einvernehmen geprägten engen Beziehung stehen. Die Zuschauer sehen in dem Künstler die Verkörperung ihrer geheimen Träume und Ideale – nicht wissend oder nicht wissen wollend, dass dies keinesfalls seiner realen Gestalt entspricht, und lassen sich willig von ihm aus ihrem Alltag entführen. Gleichzeitig erfüllt der Künstler mit seinem Zauber der Gefälligkeit (vgl. 36) nicht nur die Wünsche des Publikums, sondern vor allem auch seine eigenen: Wohl wissend um seine reale Erscheinung, kann er Abend für Abend auf der Bühne seine Begierde, zu gefallen und den Beifall der Menge aufzusaugen, befriedigen.

Felix erkennt die Abhängigkeit zwischen dem Künstler und den Sehnsüchten des Publikums

Sieht man in den Künstlerfiguren auch Menschen, die Felix in der Ausübung ihrer Künste nicht nur gedankliche Erkenntnisse vermitteln, sondern auch praktische Fertigkeiten zu vervollkommnen helfen, so gehört die ungarische Prostituierte **Rozsa**, die Felix zufällig in Frankfurt kennenlernt, zweifellos dazu. Ihr auffälliges Äußeres macht ihm, der schon seit einiger Zeit freundschaftlich-platonisch mit Frankfurter Prostituierten verkehrt, sehr schnell die Art ihrer Tätigkeit deutlich. Willig lässt er sich in ihr Quartier einladen, wo sie ganz offensichtlich sonst ihre Kunden empfängt. Dort beginnt eine halbjährige Beziehung der beiden, die nicht nur sexueller Art ist, sondern Felix auch „eine mäßige Teilhaberschaft an dem Gewinne" (124) beschert, wie er – elegantbeschönigend – seine Tätigkeit als Rozsas vorübergehender Zuhälter beschreibt.

Rosza lehrt Felix die Kunst der sexuellen Liebe

Wichtiger für ihn ist aber ihre Rolle als strenge „Meisterin" (123, 124), bei der er – der Lehrling – seine bereits vorhandenen erotischen Fertigkeiten, seine „Anstelligkeit und Liebestugend" (123) verfeinert. Gleichzeitig lernt er durch ihre „schlimme Liebesschule" (125), seine sexuelle Attraktivität nicht im Übermaß zur Befriedigung seiner eigenen Bedürfnisse, sondern gezielt zur Verwirklichung seines Traumes vom gesellschaftlichen Aufstieg einzusetzen.

Die Zirkusartistin Andromache ist für Felix ein geheimnisvolles, übermenschliches Wesen

Eine Künstlerin ganz anderer Art erlebt Felix in Paris bei einem Besuch des Zirkus Stoudebecker: die Trapezkünstlerin **Andromache**. Ihre atemberaubenden und lebensgefährlichen Künste üben eine überwältigende Faszination auf ihn aus und lassen ihn ausführlich über das Wesen der Artistin reflektieren. Ihrem äußeren Erscheinungsbild nach lässt sie sich nicht einem Geschlecht zuordnen: Sie hat körperliche Attribute des Weiblichen, aber auch – in ihrer Kraft und Kühnheit – Merkmale eines jungen Mannes. Diese Uneindeutigkeit spiegelt sich in ihrem Namen, der in der griechischen Mythologie oft von Amazonen getragen wird – Frauen, die wie Männer in den Krieg zogen und kämpften.

Die Künstlerin Andromache steht aber nicht nur zwischen den Geschlechtern, sondern schwebt im wahrsten Sinne des Wortes auch zwischen Himmel und Erde, wobei sie dem Himmel wesentlich näher ist und der Kontakt zur Erde ihren Absturz und wahrscheinlich ihren Tod bedeuten würde. Für Felix ist sie ein übermenschliches Wesen, das in der Ausübung ihrer Kunst ihre einzige Lebensaufgabe sieht. Unvorstellbar, dass sie mit ‚normal'-menschlichen Maßstäben gemessen und als Ehefrau, Mutter oder Geliebte ein bürgerliches Leben führen könnte.

Felix bezeichnet sie als „ernster Engel der Tollkühnheit" (200), als „unnahbare Amazone des Luftraumes" (ebd.). In seiner Beurteilung ihrer Künste und auch der anderen Artisten hebt er sich ab von der Menge der Zuschauer: Er ist nicht wie sie der hingebungsvolle, passive Genießer des Dargebotenen, sondern er identifiziert sich mit den Künstlern. Genau wie sie ist er in seinem abgehobenen

Sie ist ganz ihrer Kunst verschrieben und so sein Ebenbild

Selbstverständnis ein Künstler „vom Fach der Wirkung, der Menschenbeglückung und -bezauberung" (203).

Die Menschen im Hotel

Felix' ‚Eroberungen'

- Beim Hotelpersonal beeindruckt Felix sowohl seinen vorübergehenden kriminellen Kollegen Stanko, der ihm zu einer Hehleradresse verhilft, als auch den zunächst abweisenden Direktor Stürzli, den er mit seinem Charme überrumpelt.
- Die junge Eleanor Twentyman ist hoffnungslos verliebt in Felix und möchte mit ihm weglaufen. Er hat alle Mühe, sich ihrer Annäherungsversuche zu erwehren.
- Der einsam wirkende Lord Kilmarnock entwickelt Gefühle für Felix und bietet ihm eine Vertrauensstellung in seinem Schloss an. Für Felix passt auch dies nicht in seinen Lebensplan.
- Von der ungewöhnlichen Liebesnacht mit der – von ihm zuvor bestohlenen – Madame Houpflé profitiert Felix in doppelter Hinsicht: Er fühlt sich in seiner sexuellen Attraktivität bestätigt und dazu mit einem interessanten Vergleich (Hermes) bedacht. Zum anderen vergrößert er sein Vermögen durch das von Madame H. ausdrücklich gewünschte Stehlen weiterer Juwelen.
- Der als sorgloser Bohemien in Paris lebende Marquis de Venosta verschafft Felix den endgültigen ‚Durchbruch' zu einer neuen Existenz, indem er mit ihm die Identität tauscht, um in Paris bei seiner Geliebten zu bleiben und nicht die von den Eltern arrangierte Weltreise antreten zu müssen.

Während seiner Arbeit im Hotel „Saint James and Albany" in Paris (zunächst als Liftboy, später als Kellner) gelingt es Felix anscheinend mühelos, die Menschen unterschiedlichster gesellschaftlicher Schichten für sich einzunehmen. Sein Zimmergenosse, der kroatische Küchenhelfer und Kleinkriminelle **Stanko**, hilft ihm bereitwillig beim Verkauf gestohlener Schmuckstücke an einen berüchtigten Hehler. Erst als er Felix, der sich ihm ohnehin charakterlich weit überlegen fühlt, zu einem Raubzug überreden will, lehnt dieser ab und löst die lockere Zweckgemeinschaft nach und nach auf.

Stanko vermittelt Felix einen Hehler für sein Diebesgut

Als Felix sich zu Beginn seines Aufenthaltes **Direktor Stürzli**, dem Freund seines Paten Schimmelpreester, vorstellt, wird schnell deutlich, dass er seine Wirkung auch auf diesen hässlichen und massigen, zunächst sehr distanzierten Mann nicht verfehlt. Obwohl Felix ihn als ganz und gar dem weiblichen Geschlecht zugeneigten Mann betrachtet, erkennt er doch bei dem Direktor dessen – sicherlich ungewollte, aber reflexhafte – erotische Empfänglichkeit für ihn, den jungen Mann in seiner „Jugendschöne" (152) – ein weiteres Indiz dafür, dass Felix für beide Geschlechter attraktiv ist.

Direktor Stürzlis erotische Empfänglichkeit

Als Beispiele für diese Anziehungskraft erweisen sich später auch die Episoden mit zwei, von Felix im Speisesaal zu bedienenden Gästen. **Eleanor Twentyman**, Tochter eines reichen Geschäftsmannes aus Birmingham, ist siebzehn oder achtzehn Jahre alt und wird von Felix als „blondes Ding, hübsch nach Art eines Zickleins, mit den rührendsten Schlüsselbeinen von der Welt" (215) beschrieben, von ihrem schwerhörigen Vater offensichtlich sehr geliebt und von der strengen Mutter bewacht und ständig zurechtgewiesen.

Eleanors schwärmerische Verliebtheit

Das „wilde Kind" (227) steigert sich schnell in eine schwärmerische Liebe zu Felix, versucht ständig in dessen Nähe zu sein und gesteht ihm auch offen ihren Wunsch auf Erwiderung ihrer Gefühle. Felix ist daran nicht interessiert, seine etwas herablassenden Formulierungen („Klein-Mädchen-Wildfang des Gefühls", 219) zeugen davon, dass er die Gefühle des jungen Mädchens nicht ernst nimmt. Ihr gegenüber erklärt er seine abwehrende Haltung aber formvollendet und wie immer wortreich mit der unüberbrückbaren gesellschaftlichen Kluft zwischen ihnen beiden.

Differenzierter geht Felix mit der Figur des schottischen **Lord Nectan Kilmarnock** um. Dieser lebt mit seiner Schwester in seinem Schloss unweit der Stadt Aberdeen, besitzt dazu noch einen Landsitz in den Highlands, ist also als Mitglied des Hochadels Teil der obersten gesellschaftlichen Klasse. Ausführlich und mit offensichtlicher Bewunderung beschreibt Felix den ungefähr 50-Jährigen, sein gepflegtes, nur durch eine etwas unförmige Nase beeinträchtigtes Äußeres, seine vornehme Kleidung und tadellosen Manieren.

Lord Kilmarnock beeindruckt Felix

Allerdings strahlt der allein reisende Lord eine Traurigkeit und Melancholie aus, die Felix berührt und ihn dem

Lord mit besonderer Freundlichkeit und Sorge wegen dessen Appetitlosigkeit begegnen lässt. Im Gegensatz zu Eleanor öffnet sich Kilmarnock nur langsam und in Andeutungen, gibt Einzelheiten seines Lebens preis, spricht auch von einer „gewissen Selbstverneinung" (222). Er ist einsam, entwickelt Gefühle für den jungen Felix, was schließlich zu seinem Angebot – eher zu seiner Bitte – führt, dieser möge ihm als persönlicher Kammerdiener auf sein Schloss folgen. Am Ende stellt er sogar eine Adoption und das Erbe seines Vermögens in Aussicht.

Die Ablehnung fällt Felix wesentlich schwerer als Eleanor gegenüber. Sein Respekt und sein Mitgefühl für den Lord, dem Thomas Mann Züge seiner selbst verliehen hat, wird deutlich. An keiner Stelle seiner Äußerungen ist Herablassung oder ironische Leichtigkeit zu sehen. Gleichwohl ist Felix auch in diesem Fall von Anfang an sicher, dass er das Angebot nicht annehmen wird. Sein Egoismus, sein Entschluss, keine von außen gestaltete Existenz zu übernehmen, sondern „zugunsten des freien Traumes und Spieles, selbstgeschaffen und von eigenen Gnaden" (229) zu leben, überwiegt alles.

Felix lehnt das Angebot des Lords ab

Eine der bedeutendsten Begegnungen während Felix' Hotelanstellung ist sicherlich die mit **Madame Houplé**, der Frau, die er als die von ihm an der französischen Grenze Bestohlene wiedererkennt. Sie ist etwa 40 Jahre alt, Ehefrau eines unverschämt reichen (vgl. 176 f.) Straßburger Fabrikanten von Klosettschüsseln. Sie findet schnell Gefallen an dem Jüngling und lädt ihn ohne Umschweife zu einem erotischen Abenteuer auf ihr Zimmer ein.

Schlüsselerlebnis der Begegnung mit der exzentrischen Madame Houplé

Madame Houplé ist eine in jeglicher Hinsicht ungewöhnliche Person: Als Kontrast zu der Ehe mit dem von ihr kaum verschleiert als impotent und eine außereheliche Affäre führend beschriebenen Houplé veröffentlicht sie unter ihrem Mädchen- und Künstlernamen Diane Philibert Romane und Gedichte. Seit jeher liebt und bewundert sie junge Männer, nicht älter als achtzehn Jahre, deren schöne und glatte, knabenhafte Körper sie im wahrsten Sinne des Wortes ‚vergöttert'. Die sexuelle Begegnung mit Felix in seiner wohlgeformten, androgynen

Gestalt und seiner in Rozsas Liebesschule weiter verfeinerten Potenz ist die Erfüllung ihrer erotischen Wünsche.

Ohne jegliche Scheu steht sie zu ihrer „Verkehrtheit" (185), die sie mal mit einer inzestuösen Mutter-Sohn-Beziehung und mal mit dem ihr wohltuenden Sieg eines schönen, dummen, gesellschaftlich weit unter ihr stehenden Lieblings und Sklaven über ihren herausragenden Geist in Verbindung setzt. Diese Unterwerfung des Geistes unter die reine Schönheit hindert sie aber nicht daran, fordert im Gegenteil heraus, dass sie ihr Liebeserlebnis mit Felix selbst im Moment der Ekstase mit einem französisch-deutschen Redeschwall, schließlich im klassischen Versmaß des Alexandriners (eines sechshebigen jambischen Verses mit Zäsur nach der dritten Hebung), feiert (vgl. 187, 190).

Mme Houpflé genießt die erotische Anziehungskraft jugendlicher Männer

In ihrem Wunsch nach Erniedrigung geht sie sogar so weit, von Felix wie eine Hure behandelt, beleidigt und geschlagen zu werden, was dieser allerdings ablehnt. Als eine Art Ersatz gesteht er ihr schließlich den Diebstahl ihrer Juwelen, worauf ihr Entzücken noch gesteigert wird. Nun erhält der Name des mythologischen Hermes, den sie ihm zunächst nur im Hinblick auf seine körperlichen Vorzüge gab, noch eine tiefere Bedeutung, ist Hermes doch auch der Gott der Diebe. Mit der Aufforderung, Felix möge ihr unter ihren Augen noch weitere Juwelen und Geld stehlen, vervollkommnet Madame Houpflé das für sie außerordentlich befriedigende Liebeserlebnis. Felix dagegen verschafft dies ganz pragmatisch ein nicht unbedeutendes Kapital für seine Karriere.

Sie vergleicht Felix mit dem Gott Hermes

Den letzten Baustein für Felix' weitere Entwicklung bildet schließlich die Begegnung mit einem anderen Gast, dem **Marquis Louis de Venosta**, der regelmäßig im Hotel zu Abend isst. Felix beschreibt ihn als angenehmen jungen Kavalier „von leichtem und sorglos-anmutigem Betragen" (232). Das heißt nichts anderes, als dass dieser Sohn eines reichen luxemburgischen Industriellen und einer deutschen Adligen es sich – mit dem entsprechenden Budget im Rücken – in Paris gut gehen lässt. Sein ursprünglich begonnenes Jura-Studium hat er aus Langeweile abgebrochen und versucht sich stattdessen als Ma-

Entscheidende Begegnung mit Marquis de Venosta

ler an der Kunsthochschule. Er ist elegant, wenn auch nicht übermäßig attraktiv; Felix verweist auf Venostas „zu dicke, gerötete[n] Kinderbacken und kleine verschmitzte Äuglein darüber" (ebd.). Felix gegenüber gibt er sich charmant und leutselig, lässt ihn keinerlei soziale Überlegenheit spüren und charakterisiert sich erstaunlich offen und ehrlich, wenn auch nicht ohne Koketterie, als „verzogenes Sorgenkind [...], das seinen Eltern wenig Freude machte" (234).

Der für Felix wichtigste Aspekt ist aber die Liaison des Marquis mit der Revuesängerin **Zaza**, die schließlich zu einer entscheidenden Wendung der Handlung führt. Die ob der unstandesgemäßen Beziehung des Sohnes entsetzten Eltern wollen ihn auf eine einjährige Weltreise schicken, andernfalls droht Enterbung. Der Marquis möchte natürlich beides behalten, das Erbe und Zaza, und so kommt es schließlich zu seinem Vorschlag des Rollentausches mit dem sich nur scheinbar zierenden Felix, der statt seiner auf die Weltreise gehen soll.

Venosta hat eine unstandesgemäße Liaison mit der Sängerin Zaza

Dabei wird deutlich, dass beide Männer völlig unterschiedliche Auffassungen von ihrer eigenen Persönlichkeit haben. Felix hat sich in seinen lebenslangen Rollenspielen – zuletzt durch sein Doppelleben als Kellner und vornehmer Gentleman in teuren Pariser Hotels und Restaurants – auf einen solchen Tausch seiner Identität vorbereitet und wird die schon immer erstrebte neue hervorragend verkörpern können. Der Marquis hingegen wird in seinen Augen immer der bleiben, der er ist – vor allem in seiner Liebe zu Zaza. Er wird diese Identität nicht aufgeben, indem er vorübergehend eine Rolle übernimmt, von der er eigentlich keine Ahnung hat und die ihn aber auch nicht schreckt.

Er verabredet mit Felix einen Rollentausch

Die Familie Kuckuck

Eine wichtige Station

- Der deutschstämmige, schon lange in Lissabon lebende Professor Kuckuck, ein umfassend interessierter und gebildeter Wissenschaftler, beeindruckt Felix mit seinen Betrachtungen der Welt und Gedanken zur Existenz allen Seins.
- Kuckucks Tochter Zouzou steht Felix' werbenden Schmeicheleien lange schnippisch und kritisch gegenüber, gibt aber am Ende überraschend ihren Gefühlen nach. Ihr leidenschaftlicher Ausbruch wird jedoch von ihrer Mutter unterbunden.
- Kuckucks Ehefrau und Zouzous Mutter Maria Pia verhält sich Felix gegenüber lange Zeit höflich und freundlich, aber zurückhaltend. Umso mehr ist Felix überrascht und beglückt darüber, dass die ältere Frau ihrer Leidenschaft ihm gegenüber am Ende deutlichen Ausdruck verleiht.

Im Zug nach Lissabon lernt Felix Professor Kuckuck kennen

Auf seiner ersten Station der Reise begegnet Felix, nun als Marquis de Venosta, in Lissabon der Familie Kuckuck. Vor allem **Professor Kuckuck**, den er bereits während der Zugfahrt beim Abendessen im Speisewagen trifft, kann als Fortführung bzw. auch Überhöhung der Mentor-Figur gelten, die in Felix' Kindheit und Jugend sein Pate Schimmelpreester war. In einem langen, Felix über die Maßen beeindruckenden Gespräch übernimmt er die Rolle eines Lehrers gegenüber seinem wissbegierigen Schüler, der sich dabei sogar wie ein Kind fühlt (vgl. 270).

Der 57-jährige Antonio José Kuckuck, Professor der Paläontologie und Direktor des Naturhistorischen Museums in Lissabon, ist in Deutschland geboren, lebt aber schon seit 25 Jahren in Lissabon, ist mit einer Portugiesin verheiratet und hat mit ihr eine Tochter mit Namen Suzanna, genannt Zouzou. An seiner äußeren Erscheinung fallen Felix vor allem die „Sternenaugen" (269) auf, die er immer wieder erwähnt, und die zunächst an die durchdringenden Eulenaugen Schimmelpreesters erinnern könnten. Im Folgenden wird aber deutlich, dass diese Augen vor allem die Klar- und Weitsichtigkeit des Professors symbolisieren, sein umfassendes Wissen und die tiefen Einblicke nicht nur in das Wesen der Menschen, sondern des Weltalls insgesamt. Bei der Charakterisierung

Schimmelpreesters werden die Eulenaugen (selbst wenn vielleicht auch hier die Eule als Symbol der Weisheit anklingt) jedoch mit der – manchmal wohl auch unangenehmen – Schärfe und Genauigkeit bei der Beobachtung von Details in Verbindung gesetzt.

Eine solcherart allumfassende Sichtweise deutet sich bereits an, als er die Erde als Stern und die Lebewesen darauf als gegenwärtige Bewohnerschaft bezeichnet (vgl. 270). In der Tat weitet der Professor das Spektrum seiner Ausführungen immer weiter aus, nachdem er zunächst Felix nur die Geschichte Lissabons und die Veränderung seiner Einwohner beschrieben hat. Nach und nach geht er dann auf die verschiedenen Erdzeitalter und die Evolution der Lebewesen ein. Schließlich kommt er zu einer kosmologischen Perspektive, betont, dass unser Sonnensystem – und gar die Erde – nur ein kleinstes Mosaiksteinchen im gesamten Kosmos sei.

Der Professor hält Felix einen langen Vortrag über die Evolution des Kosmos

Für Professor Kuckuck entsteht das Sein aus dem Nichts und kehrt in das Nichts zurück. Leben entwickelt und verändert sich, das widerspricht aber nicht der Vergänglichkeit allen Seins. Kuckuck betont – ohne zu bewerten –, dass der Mensch das einzige Lebewesen ist, welches diese Vergänglichkeit und das Episodische des Seins begreift und gerade deshalb Interesse und Sympathie, eine „Allsympathie" (287) für alles Existierende hegt.

Damit charakterisiert er, ohne es zu wissen, auch Felix' Existenz, seine Verwandlungen, seine nahezu erotische Liebe zum Leben und zur ständigen Veränderung, seine Abneigung gegen Stillstand und von außen auferlegte Zwänge. Schon ganz zu Anfang des Gesprächs vergleicht der Professor Felix mit einer Seelilie: Diese Tiefseewesen bzw. seine Nachfolger säßen nur in der Jugend an einem Stängel fest, machten sich dann frei und suchten das Abenteuer an den Küsten. So habe auch Felix sich vom Stängel gelöst und gehe auf Inspektionsfahrt (vgl. 273).

Seine Auffassung von der „Allsympathie" beschreibt auch Felix' Existenz

In Lissabon lernt Felix dann – zunächst zufällig – Ehefrau und Tochter des Professors kennen. Er betont, dass die beiden Frauen ihn in ihren unterschiedlichen Erscheinungen und Verhaltensweisen gerade durch das „Ungleich-Zwiefache" (298) faszinieren, ähnlich wie in Frankfurt das Zwillingspaar, das er auf einem Hotelbalkon beobachten konnte (vgl. 86 f.).

Kuckucks Tochter
Zouzou lässt sich
von Felix' Schmei-
cheleien nicht
beeindrucken

Die achtzehnjährige **Zouzou** ist hübsch, lebhaft, wirkt manchmal sogar jungenhaft. Sie ist eine scharfe Beobachterin und scheut sich nicht, ihre Eindrücke offen und kritisch zu äußern (ihre Mutter tadelt dies als „vorlaut", 303). Obwohl sie äußerlich durchaus Zaza in Paris ähnelt, ist ihr Verhalten Felix gegenüber völlig anders: Sie gibt ihm gern Widerworte, streitet mit ihm und lässt sich von ihm keinesfalls um den Finger wickeln. Er nennt sie bei sich „stachlig" (325), was aber seinen Wunsch, sie zu verführen, noch vergrößert.

Immer wieder versucht er, Zouzou vom Wert der Liebe zu überzeugen. Sie lehnt vor allem die körperliche Liebe ab, sieht sie als Laster, das nur den Männern Vergnügen bereiten soll. In ihren Augen ist die Erotik, die sexuelle Beziehung zwischen den Geschlechtern „etwas unsagbar Lächerliches, Absurdes und Kindisch-Unappetitliches" (369). Trotz dieses vernichtenden Urteils und der Wut über die Aktzeichnungen, die Felix ihr endlich aushändigt, zeigt sie sich am Ende „bekehrt" (vgl. 397) und erwidert leidenschaftlich Felix' Küsse, bevor dies von ihrer Mutter unterbunden wird.

Kuckucks Frau
fasziniert Felix
wegen ihrer
Vornehmheit

Maria Pia Kuckuck da Cruz erscheint als Gegenbild und zugleich Ergänzung zu ihrer Tochter. Wo diese hübsch, quirlig und schnippisch ist, ist jene schön, majestätisch-zurückhaltend, vornehm. Sie betrachtet Felix wohlwollend, aber distanziert. Gerade das macht aber die Faszination dieses Mutter-Tochter-Doppelbildes für Felix aus, der seine Aufmerksamkeit immer zu gleichen Teilen auf beide Frauen richtet. Auch Maria Pia erkennt sicherlich seine charmanten Schmeicheleien, geht aber souveräner damit um als ihre Tochter.

Allerdings bemerkt Felix beim gemeinsamen Besuch des Stierkampfes die große, innere Beteiligung Maria Pias an dem Schauspiel in der Arena. So geht die strenge „Hehre" (390), die „Rassekönigin" (392) immer mehr aus sich heraus, beteiligt sich an den leidenschaftlichen Publi-

kumsäußerungen. Felix, der sich kaum von ihrem Anblick lösen kann, phantasiert eine Art Vereinigung der
Frau mit dem „Blutspiel" (ebd.) in der Arena herbei. Ihre
erotische Attraktivität ist ihm in diesem Augenblick besonders bewusst geworden.

Daher empfindet Felix das Auftauchen Maria Pias im
Garten, als er Zouzou küsst, fast als zwangsläufige Notwendigkeit, ja, er freut sich darüber (vgl. 398). Seine
Hoffnung bzw. Erwartung wird nicht enttäuscht, da Maria Pia ihn zwar zurechtweist – allerdings weniger, weil
er sich dem unerfahrenen „Kinde" (399) genähert, sondern eher weil er die „Güte der Reife" (ebd.), also sie,
zunächst dafür verschmäht hat. Mit diesem überdeutli-
chen Signal ergreift sie dem mehr als bereitwilligen Felix
gegenüber die Initiative für eine leidenschaftliche Liebesszene. Ein weiteres Mal kommt es also zur Vereinigung des jungen Liebhabers mit einer älteren, erfahrenen
Frauenfigur.

Am Ende kommt
es zur Liebes-
szene zwischen
Maria Pia und
Felix

49

Themen und Traditionen

Hochstapelei als Lebenskunst

KURZINFO

Hochstapelei der besonderen Art
- Felix wird erst als Venosta zu einem Hochstapler im kriminellen Sinn.
- Für ihn sind seine kleinen Betrügereien und Diebstähle immer der legitime Ausdruck seiner besonderen Fähigkeiten und dienen der Selbstverwirklichung.
- Mit der Übernahme der Venosta-Rolle ist er am vorläufigen Ziel seiner Wünsche.
- Die Fragment gebliebenen *Bekenntnisse* bewahren ihn vor Absturz und Bestrafung.

Bedeutung des Wortes „hochstapeln"

Laut Duden bedeutet der Begriff *hochstapeln* „in betrügerischer Absicht [und mit falschem Namen] eine hohe gesellschaftliche Stellung o. Ä. vortäuschen und das Vertrauen der Getäuschten durch massive Betrügereien missbrauchen". Interessant ist die inzwischen allgemein anerkannte Herkunft des Wortes aus dem Rotwelschen (einer deutschen Gaunersprache), wo es aus den Wörtern *hoch* für „vornehm" und *stap(p)eln* für „betteln, tippeln" zusammengesetzt wurde. Erstmals bezeugt im 18. Jahrhundert, bezeichnet der Ausdruck „einen Bettler, der vortäuscht, ein in Not geratener edler (‚hoher') Mann zu sein, um Mitgefühl der Menschen zu wecken" (www.wissen.de/Herkunft), und hat somit bis heute eine Bedeutungserweiterung erfahren.

Hochstapelei ist erst bei Schaden für andere strafbar

Im juristischen Sinne ist Hochstapelei als solche zunächst kein strafbares Delikt. Erst wenn durch die Vorspiegelung falscher Tatsachen andere Menschen zu Schaden kommen, kann sie als Betrug geahndet werden (oder z. B. als Urkundenfälschung und Körperverletzung, wenn ‚falsche' Ärzte ihren ‚Patienten' schaden). In diesem Zusammenhang wird Felix Krull also erst zu einem im rein strafrechtlichen Sinne ‚kriminellen' Hochstapler nach dem Rollenwechsel mit dem Marquis de Venosta, wenn er dessen Unterschriften fälscht, um die beträchtlichen Kreditbriefe für sich einzulösen. (Dabei spielt es auch keine Rolle, dass Venosta damit einverstanden ist.) Es ist aber natürlich auch klar, dass Felix z. B. mit der Fälschung der Unterschrift seines Vaters, dem Diebstahl der Schokolade im Delikatessenladen oder später der Juwelen Madame Houpflés ‚kriminelle' Handlungen im landläufigen Verständnis begeht. Ein hinter seinen sprachlichen Beschönigungen verborgenes Unrechtsbewusstsein ist jedoch weder in dem einen noch in den anderen Fällen zu erkennen.

Thomas Mann lässt die fiktive Autobiografie seines Hochstaplers etwa 1895 in der Zeit des Wilhelminismus im Deutschen Reich spielen (eine Ära, in der er selbst zu Beginn der Arbeit noch lebt). Die Gesellschaft, fixiert auf ein glänzendes äußeres Erscheinungsbild und auf das blendende Schöne, politische Spannungen und kaiserliches Großmachtstreben weitestgehend ignorierend, scheint Hochstapelei quasi herauszufordern. Es sind viele erfolgreiche Hochstapler verbürgt; einem von ihnen verdankt Thomas Mann schließlich sogar die Anregung für sein Werk, das ursprünglich als Novelle geplant war.

Die Wilhelminische Ära brachte viele Hochstapler hervor

Es sind dies die zweibändigen Memoiren eines seinerzeit berühmt-berüchtigten rumänischen Hochstaplers namens Georges Manolescu, die 1905 unter den Titeln *Ein Fürst der Diebe. Memoiren* und *Gescheitert. Aus dem Seelenleben eines Verbrechers* erschienen. Mit großem Interesse liest Thomas Mann über dessen Lebensgeschichte, sammelt auch Materialien über andere zeitgenössische Hochstapler. Manolescu findet in mehreren Selbstäußerungen des Autors Erwähnung. In einer seiner früheren Arbeitsnotizen zum Roman, von Hans Wysling in einer umfangreichen Dokumentation veröffentlicht, zitiert und kommentiert Thomas Mann Manolescus Satz: „‚Mundus vult decipi' – ‚Die Welt schreit von Ewigkeiten danach, betrogen zu werden' – sehr gut." (Wysling 1982, S. 417) Der Satz wird in Felix Krulls *Bekenntnissen* weniger zu einer Rechtfertigung für kriminelles Fehlverhalten (wie bei Manolescu), sondern eher zu einem wesentlichen Teil seiner Weltauffassung, die der Verwirklichung des eigenen Lebenskonzeptes dient.

Anregung für Thomas Mann: Memoiren des realen Hochstaplers Manolescu (1905)

Gleichgültig, ob und ab wann Felix nun ein Hochstapler im oben definierten Sinn ist – von Kindheit an übt er sich in diese Laufbahn ein. Entscheidend ist dabei sein all diesen ‚Tätigkeiten' zugrunde liegendes Selbstbild. Immer geht es ihm um die Verwirklichung einer schon in seiner Kindheit imaginierten freien und selbstbestimmten Existenz. So wundert es auch nicht, dass er an keiner Stelle seine mehr oder weniger kriminellen Handlungen als solche benennt, sondern sich eher einer auch sprachlichen Hochstapelei bedient. Die Simulation einer Krankheit zum Zwecke des Schulschwänzens ist die Schaffung „aus der Phantasie, unter kühner Einsetzung seiner Person, eine[r] zwingende[n], wirksame[n] Wirklichkeit" (43). Der Diebstahl im Delikatessenladen (gegen den Begriff Diebstahl verwahrt sich Felix sogar explizit, vgl. 50) bedeutet für ihn das Hinüberretten vom Traumgütern in die Wirklichkeit (vgl. 51). Seine vorübergehende Tätigkeit als Rozsas Zuhälter bezeichnet er als „mäßige Teilhaberschaft an dem Gewinne" (124).

Für Felix geht es immer um die Verwirklichung seiner erträumten Existenz

Kriminelle Handlungen sind Hilfsmittel auf seinem Weg

Auch als seine Handlungen zunehmend krimineller werden, betrachtet er diese lediglich als notwendige, ihm zustehende Hilfsmittel auf seinem „besonderen Weg" (113) zu einer seinem Wesen gemäßen, höheren Existenz. An der Grenze nach Frankreich stiehlt er nicht etwa das Schmuckkästchen der fremden Dame, sondern dies ‚geschieht' ihm als Produkt seiner guten Laune und Beredtheit, es ist ein zufälliger Erwerb (vgl. 130). Und nach der Liebesnacht mit Madame Houpflé nimmt er – nach gespieltem Zögern – nur zu gern auf ihr Verlangen weiteren Schmuck und Geld. Schließlich handelt es sich ja um „Liebes-Diebsgut" (191) auf Wunsch einer Dichterin, auf die diese kriminelle Handlung erotisierend wirkt. Mit dem so erworbenen Reichtum lebt Felix dann eine Zeitlang quasi als Hoch- und Tiefstapler zugleich: Er arbeitet weiter als mäßig bezahlter Kellner und geht in seiner Freizeit als vornehmer Dandy in teure Restaurants.

An keiner Stelle nimmt er die nur von außen herangetragenen Möglichkeiten einer erhöhten sozialen und finanziell lukrativeren Existenz an, weder als Eleanors Ehemann und Schwiegersohn des reichen Twentyman noch als Vertrauter des einsamen, ebenfalls vermögenden Lord Kilmarnock. Felix will die Möglichkeit der eigenen, freien Gestaltung „zugunsten des freien Traumes und Spieles, selbstgeschaffen und von eigenen Gnaden, will sagen: von

Gnaden der Phantasie" (229). Einzig der ihm vom Marquis de Venosta vorgeschlagene, eher durch Felix subtil wie suggestiv herbeigeführte Plan des Rollentausches entspricht seinen lang gehegten Wünschen – er empfindet es als beglückendes und verdientes Geschenk des Lebens an ihn, der so lange seine durch sein besonderes Wesen begründete „Prinzlichkeit" (262) verbergen musste.

So bereitet es Felix keinerlei Probleme – im Gegenteil, es erfüllt ihn mit tiefster Befriedigung –, die Existenz des Marquis zu übernehmen. Die Aufgabe seiner alten Existenz fällt ihm leicht, denn eigentlich gibt es sie nicht. Felix' Identität ist eine Nicht-Identität, was er selbst schon vorher in Anbetracht seines Doppellebens als Kellner im Hotel und als vornehmer Herr beim abendlichen Ausgang treffend analysiert:

Mit der Übernahme der Venosta-Rolle erfüllt sich ein Wunschtraum

> „Verkleidet also war ich in jedem Fall, und die unmaskierte Wirklichkeit zwischen den beiden Erscheinungsformen, das Ich-selber-Sein war nicht bestimmbar, weil tatsächlich nicht vorhanden." (238)

Er kann alles sein, weil er nicht festgelegt ist. Seine bisherige Existenz nennt er im Zug nach Lissabon ein abgetragenes Ich, seinen alten Adam (vgl. 267). Den Erinnerungen an sein „ungültig gewordene[s] Dasein" (ebd.) trauert er nicht nach, freut sich auf das – wenn auch einige Mühe kostende – Füllen dieser Leere mit neuen, schöneren Erinnerungen. Er ‚ist' jetzt der Marquis de Venosta, wird von nun an in seinen Aufzeichnungen wie selbstverständlich das Possessivpronomen benutzen („meine" Kindheit, „meine" Mutter).

Parallel zu seiner gesellschaftlichen entwickelt sich auch Felix' geistige Hochstapelei: Er, der als Schulabbrecher über keine nennenswerte Bildung verfügt, versteht es ausgezeichnet, aus Wenigem Vieles zu machen. Dem Hoteldirektor Stürzli imponiert er mit Fremdsprachenkenntnissen, die – ohne solide Grundlage – ausschließlich auf Überwältigung und Blendung seines Gesprächspartners (vgl. 156) zielen. Während der Liebesnacht mit Madame Houpflé erfährt er zum ersten Mal vom Gott Hermes, um diesen dann an unpassender Stelle im Gespräch mit Professor Kuckuck zu erwähnen (vgl. 279).

Felix' geistige Hochstapelei

Felix macht sich
Äußerungen
anderer zueigen

Auch aus dem Gespräch mit dem Professor pickt er sich Versatzstücke heraus, um damit zu verschiedenen Gelegenheiten in Lissabon zu imponieren: Bei der ersten Begegnung mit Frau und Tochter Kuckuck und Hurtado geht er auf den Tapir des Eozän ein und erwähnt diesen sogar in der Audienz beim portugiesischen König (vgl. 351). Auch der Begriff „Allsympathie" wird in Felix' Konversationswortschatz aufgenommen – dabei bleibt zweifelhaft, ob er sich der von Kuckuck zugewiesenen Bedeutung bewusst ist oder ob er nicht doch diesen Begriff wieder auf seinen Lebensgrundsatz bezieht: Felix liebt die Welt und die Welt liebt ihn.

Trotz Unvollstän-
digkeit der
Memoiren bleibt
Felix' Erfolg
ungebrochen

Der historische Hochstapler Manolescu wurde nach einer erfolgreichen Karriere als Hoteldieb, Betrüger und gar Ehemann einer echten Gräfin schließlich doch gefasst und zu einer Zuchthausstrafe verurteilt, wobei das Verfassen seiner Memoiren und deren finanzieller Erfolg seinen Absturz zu mildern vermochte. Zwar hat Thomas Mann für seinen Hochstapler nach dessen erfolgreicher Weltreise und weiteren Betrügereien und Hoteldiebstählen ebenfalls einen Gefängnisaufenthalt geplant – auf diesen wird ja auch im vorliegenden Teil der Memoiren mehrmals kurz angespielt –, dieser zweite Teil wird vom inzwischen betagten Autor allerdings nie geschrieben. So bleibt der charmante junge Lebenskünstler Felix Krull für immer ,eingefroren': als Bild

> „einer vergnüglich-betrügerischen Lebensform, die nur darauf bedacht ist, die Reichen etwas zu prellen, niemandem wirklich zu schaden und sich selbst bei Laune zu halten, indem man sich immer neue Anreize und Herausforderungen schafft." (Görner 2005, S. 204)

Täuschung und Illusion

KURZINFO

Der Künstler wird Krimineller und wieder Künstler
- Felix ist ein „Kostümkopf": der perfekte Schauspieler in allen seinen Rollen.
- Darsteller und Publikum stehen in wechselseitiger Abhängigkeit: Illusion wird zur Realität, wenn auch für das Publikum z.T. nur vorübergehend.
- Die Künstlerexistenz ist ein wichtiges Thema für Thomas Mann. Das Bild des Künstlers ändert sich im Laufe der Arbeit am Roman.
- Der Autor ist dabei von Friedrich Nietzsche beeinflusst.

In einem berühmten Zitat aus William Shakepeares 1599 verfassten Komödie *As You Like It* heißt es, dass die ganze Welt eine Bühne sei und jeder Mensch darin viele Rollen spiele (vgl. Akt II, Szene 7, Z. 139 f.). Der Vergleich des Lebens mit einer Bühne und der Menschen mit Schauspielern lässt zahlreiche thematische Facetten aufleuchten: Künstler, Publikum, Kostüme, Masken, Illusion vs. Wirklichkeit, Schein vs. Sein.

Der Mensch Felix Krull ist der perfekte, außergewöhnliche Weltbühnen-Schauspieler. Er ist ein „Kostümkopf", wie sein Pate Schimmelpreester ihn bezeichnet (vgl. 26). Für Felix ist das eine Auszeichnung, auf die er sich immer wieder bezieht. Wenn er dem Maler-Paten Modell steht, überzeugt er quer durch verschiedene Epochen des Welttheaters und in jeder einzelnen Kostümierung durch seine Vollkommenheit des Aussehens, die auch die perfekte Nachahmung von Verhalten und Physiognomie der dargestellten „Menschenart" (26) einschließt.

Die Welt als Bühne und Felix als Schauspieler in vielen Rollen

Felix hat also einen „Kostümkopf", was in diesem Fall wohl auch als Gegensatz zum etwas altertümlichen Begriff des „Charakterkopfes" zu sehen ist. Der Charakterkopf hat – bei aller Kostümierung – etwas Individuell-Markantes, Unverwechselbares. Der Kostümkopf ist dagegen anpassungsfähig bis zur Selbstaufgabe (falls ein solches Selbst überhaupt existiert), er erzeugt durch seine Darstellung eine nur scheinbare Realität, die eigentlich eine Illusion ist. Ein aufschlussreiches Beispiel ist dafür der Auftritt des jungen Felix als Geige spielendes „Wunderkind" (23) im Kurort.

Aufgrund seiner Anpassungsfähigkeit erzeugt er Illusionen

Diese Episode zeigt aber auch schon die wechselseitige Abhängigkeit zwischen dem Darsteller und dem Publikum, das zahlreich zur Vorführung kommt. Die perfekte Inszenierung – die hübsche Kostümierung des Jungen, seine Simulation des Spiels mithilfe des Kapellmeisters – entspricht, ja übertrifft die Erwartungen der Leute, die mit einem nicht alltäglichen, erhebenden, beglückenden Erlebnis gerechnet haben. Gleichzeitig genießt das „Wunderkind" die Begeisterung, die Ovationen, die (unverdienten) Belohnungen des erfolgreichen Schauspiels, das sich als Kunst ausgibt.

Die Illusionen werden vom Publikum willig akzeptiert

Eine Steigerung erfährt dieses Erlebnis von bewusst herbeigeführter Täuschung und ihrer Akzeptanz durch die Menschen aufgrund der Erfahrung, die der jugendliche Felix bei einem Theaterbesuch macht. Das Kennenlernen des glanzvollen Operettensängers Müller-Rosé, der sich nach der Aufführung, nach Ablegen seiner Masken und Kostüme, als hässlicher, vulgärer Angeber offenbart, enttäuscht und desillusioniert Felix nur am Anfang.

Künstler und Publikum entkommen gemeinsam der Realität

Wichtiger und nachhaltiger sind indes die Reflexionen, die dieses Erlebnis in Gang setzt, und die Erkenntnis, die Felix daraus für sein Leben zieht. Ihm wird klar, dass beide Seiten – der auf der Bühne verwandelte Künstler und die Menge der Zuschauer – diese Illusion brauchen. Der eine, im Bewusstsein seiner abstoßenden Hässlichkeit, giert gerade deshalb nach dem fortwährenden Beifall. Die anderen wünschen sich in dieser ihrem Alltag enthobenen Theatersituation nichts weiter als eine Erbauung und Belebung durch das „Ideal ihres Herzens" (36) – auch wenn sie wohl wissen, dass die Wirklichkeit enttäuschend sein mag.

Felix' Illusionen sind für ihn Realität

Felix unterscheidet sich allerdings vom Bühnenkünstler Müller-Rosé dadurch, dass es für ihn keine zwei Seiten seiner selbst gibt. In allem, was er darstellt, ist er eine künstlerische Schöpfung, die aus dem Traum und der Phantasie zur Wirklichkeit wird: Felix' Sein entsteht aus und mit dem Schein. Diese Illusion wird für ihn zur Realität – und damit auch für die Menschen, denen er begegnet und die aufgrund seiner Überzeugungskraft nicht an der vorgetäuschten Wirklichkeit zweifeln.

Immer wieder blitzen dabei auch – zumindest für den Leser – Felix' komödiantische Fähigkeiten auf, z. B. in der Musterungsszene. Er hat diesen schauspielerischen Paradeauftritt sorgfältig wissenschaftlich vorbereitet, denn für ihn gehört zu seiner natürlich vorhandenen Begabung auch ein sicheres Fundament: „Gleichwie das Schiff der Sandlast, so bedarf das Talent notwendig der Kenntnisse […]." (91) In der Musterungssituation wird seine Schauspielerei dann sogar noch optimiert, indem er in der Simulation eines epileptischen Anfalls die Symptome nicht nur spielt, sondern für kurze Zeit tatsächlich durchlebt (ähnlich wie in seinen ‚Vorübungen' als Schulschwänzer). Dies ist eher erschreckend, jedoch für den Leser auch erheiternd, da gleichzeitig die so selbstherrlich auftretenden Vertreter der Institution des Militärs nicht nur getäuscht, sondern auch lächerlich gemacht werden.

Felix' komödiantisches Meisterstück vor der Musterungskommission

Die Ambivalenz des Künstlertums ist ein Thema, mit dem Thomas Mann sich immer wieder auseinandergesetzt hat, zu Beginn seiner Laufbahn vor allem im Hinblick auf die künstlerische im Vergleich zur bürgerlichen Existenz, den Gegensatz von Geist und Kunst zum einen und dem ‚wahren' Leben zum anderen. Mehr und mehr entwickelt er dann ein Bild des Künstlers als fragwürdige Gestalt, was in seinen Äußerungen zu *Felix Krull* deutlich wird. In dem erstmals 1930 veröffentlichen Artikel „Lebensabriß" heißt es über den Roman: „Es handelte sich natürlich um eine neue Wendung des Kunst- und Künstlermotivs, um die Psychologie der unwirklich-illusionären Existenzform" (AS, 123). Und in dem 1940 in den USA gehaltenen Vortrag „On Myself" erläutert er, die *Bekenntnisse* seien nichts weiter als „eine neue Abwandlung des künstlerischen Einsamkeits- und Scheinbarkeitsproblems ins *Kriminelle*" (AS, 70).

Thomas Manns Abwandlung des Künstler-Motivs

Diese Abwandlung wird im Roman bereits durch Schimmelpreester umgesetzt, der durch seine Phidias-Erzählung (vgl. 25) Felix die ambivalente, halb-kriminelle Künsterexistenz nahebringt. Im Laufe seiner Lebensjahre wird das so eingestimmte Patenkind diese Art von (Illusions-)Künstlerkarriere perfektionieren. Thomas Manns Roman ist hier stark von der Auffassung Fried-

Vorbild im Roman: Phidias

rich Nietzsches geprägt – ein Repräsentant aus Manns einmal von ihm selbst so genannten Dreigestirns (vgl. GKFA 12.2, 113), das seine geistig-intellektuelle Entwicklung stark beeinflusste. Neben Nietzsche (1844–1900) gehören dazu der Philosoph Arthur Schopenhauer (1788–1860) und der Komponist Richard Wagner (1813–1888). Alle drei haben in *Felix Krull* in unterschiedlichem Maße Spuren hinterlassen.

Einfluss von Nietzsches Künstlerbild

In seinem Werk *Die fröhliche Wissenschaft* (1882) beschäftigt sich Nietzsche unter anderem mit dem Schauspieler als Prototyp des Künstlers, der für ihn ein Beispiel für menschliche Existenz ist, die nicht mehr zwischen Schein und Sein unterscheidet. Nietzsche erläutert:

> „Die Falschheit mit gutem Gewissen; die Lust an der Verstellung als Macht herausbrechend, den sogenannten „Charakter" bei Seite schiebend, überfluthend, mitunter auslöschend; das innere Verlangen in eine Rolle und Maske, in einen S c h e i n hinein; ein Ueberschuss von Anpassungs-Fähigkeiten aller Art, welche sich nicht mehr im Dienste des nächsten engsten Nutzens zu befriedigen wissen: Alles das ist vielleicht nicht n u r der Schauspieler an sich?"
> (Nietzsche, 608)

Dies klingt wie eine Vorlage für die Figur Felix Krull, die Thomas Mann allerdings in seiner durchweg komödiantischen und parodistischen Darstellung erweitert: Moralische Bewertungen werden (von Felix) negiert bzw. treten (beim Leser) hinter Felix' Brillanz in der Ausübung seiner Taten zurück. Der Kriminelle (Betrüger, Hochstapler) wird somit wieder zum Künstler.

„[Z]u Hause, im Hotel"

KURZINFO

Eine besondere Bühne

- Das Leben in Hotels ist für Felix eine Gegenwelt zu der starren bürgerlichen Existenz mit festgelegtem Wohnsitz.
- Von Kindheit an ist er an (halb-)öffentliche Veranstaltungen gewöhnt, sie bereiten ihn auf seine späteren Rollen vor.
- Die Qualität der Unterkünfte steigert sich im Einklang mit Felix' wachsendem Statusbewusstsein, vom außenstehenden Beobachter zum Adels-Darsteller.

Die kurze Äußerung „zu Hause, im Hotel" (22) bezieht sich auf einen mehrwöchigen Aufenthalt des achtjährigen Felix mit seinen Eltern in einem nahen Kurort. Sie benennt bereits die existenzielle Unbehaustheit von Felix, wohnt er doch fast sein ganzes Leben, wie in den unvollendeten *Bekenntnissen* beschrieben, im Hotel. (Wie lange sein kurz angesprochener Gefängnisaufenthalt, vgl. 175, währt, lässt sich dem Text nicht entnehmen.) Leben im Hotel und in dessen unterschiedlichsten Räumen passt zu ihm, ein Beharren auf einem festen Ort ließe seine Rollenspiele erstarren. So wenig festgelegt seine Existenzform ist, so variabel muss auch der Wohnort sein. Felix lehnt eine bürgerliche Lebensweise mit festem Wohnsitz und klarer Identität ab – Leben im Hotel erscheint als Gegenwelt.

> Leben im Hotel entspricht Felix' Ablehnung jeglicher Festlegung

Auch wenn Felix Kindheit und Jugend in der elterlichen Villa verbringt, ähnelt doch die Art des Lebens in diesem Haus demjenigen in einem Hotel. Die abendlichen Festivitäten gewöhnen Felix früh an die auch für eine Hotelhalle typische Mischung von Privatheit und Öffentlichkeit. Die jeweilige Abendveranstaltung wird durch Menüs, „aufs feinste" (20) zubereitet von einem Küchenchef aus Wiesbaden, eingeleitet. Die Gäste, „buntscheckige Gesellschaften" (19), werden durch Musik, Tanz und Feuerwerk unterhalten. Interessant ist dabei, dass solche Abendgesellschaften in einem Privathaus in den 1880er-Jahren nicht üblich waren. In den Grand Hotels der Großstädte begann man da erst, ein solches Konzept zu erproben, wobei zu diesen Abenden z. B. Frauen auch nur als Ehefrau in Begleitung ihres Mannes zugelassen wurden (vgl. Mattern 2018, S. 117). Da geht es bei den Krulls zu Hause schon lockerer zu. Hier – wie auch im Kurort, wo der Achtjährige mit seinem ‚Geigenspiel' bezaubert – nutzt Felix die öffentlichen bzw. halböffentlichen Gelegenheiten, um auf solchen Probebühnen immer sicherer in seiner Wirkung auf die Menschen zu werden.

> Auch das Elternhaus war ein halböffentlicher Raum

Felix' sozialer Aufstieg spiegelt sich nach dem Bankrott des Elternhauses in der Abfolge der Hotels, die er mit zunehmender Gewandtheit als Bühne nutzt: Zunächst – auf der sozialen Leiter ganz unten – schläft er in der Kü-

Die Qualität von
Felix' Unterkünf-
ten steigt mit
seinem Erfolg

che der einfachen Pension Lorley, die seine Mutter in Frankfurt eröffnet hat. In dieser Zeit flaniert er durch die Stadt und entdeckt ein junges, schönes Zwillingspaar, das auf einem Balkon des vornehmen „Frankfurter Hofes" steht. Der Anblick durchzuckt ihn wie ein Blitz, und eines seiner Lebensthemen, die Faszination am Doppelten, an der Zweiheit, wird erweckt.

In Paris arbeitet er sich im Hotel „Saint James and Albany" hoch. Als Liftboy ist er zunächst an keinen festen Platz gebunden, in seinem „Schwebestübchen" (177) muss er sechzehn Stunden täglich Repräsentanten aller sozialen Stufen hinauf- und hinunterfahren. Sein Schlafplatz befindet sich in einem erbärmlichen Schlafsaal, aber durch seinen Aufstieg zum Kellner gerät er in Kontakt mit reichen und adligen Personen, die ihn allesamt anziehend finden oder sogar begehren. Im Lift ist er wieder Madame Houpflé begegnet, die ihn – einer der Höhepunkte des sozialen Aufstiegs – in ihr luxuriöses Schlafzimmer einlädt. Im Grand Hotel finden sich Vertreter aller Schichten, vom Dieb (Stanko, auch Felix) bis hin zum reichen Adel – eine kleine Weltbühne.

Er genießt die
eleganten Grand
Hotels

In seiner geringen Freizeit hält sich Felix weiterhin gerne in öffentlichen, sozial unterschiedlichen Räumen wie Cafés, Brasserien, Nachtbars und Varietés auf. Er gönnt sich hier auch einen Rollentausch vom Kellner zum Kavalier. Als solcher begegnet er auf der Dachterrasse des Hotels „Ambassadeur" dem Marquis de Venosta wieder, den er vorher im Hotel „Saint James and Albany" bedient hat. „Ambassadeur" bedeutet Botschafter – auf dieser feinen Dachterrasse beginnt eine neue Lebensphase und damit ein erneuter Identitätswechsel für Felix: Er kann nun einen Adligen spielen, der auf eine lange Reise geht.

In Lissabon trägt sein Hotel den entsprechenden, nämlich prunkvollen Namen „Savoy Palace":

> „An diesem Prunkcorso war mein in der Tat palastartiges
> Absteigequartier gelegen, und wie so anders gestaltete
> sich meine Ankunft dort als diejenige, die ich in dem Hause
> der Rue Saint-Honoré zu Paris einst kümmerlich gehalten!"
> (290)

Felix' Orientierung an der Lebensform des Adels, dem schönen Schein dienend im Gegensatz zur bürgerlichen Arbeitsamkeit, wird in seiner Beschreibung der Wanddekoration des Salons deutlich: „[...] diese hohen, in vergoldete Leisten eingefaßten Stukkatur-Felder, die ich immer der bürgerlichen Tapezierung so entschieden vorzog" (291). Die vom Elternhaus, speziell vom Vater, schon vorgeprägte Orientierung an französischer Sprache und Adelskultur zeigt sich z. B. auch in Felix' Freude an den französischen Sesseln. Dass Hotels und Hotelhallen auch eine Bühne erotischer Begegnungen sind, spiegelt sich z. B. in der Wandmalerei und der Dekoration des „Savoy Palace" wider (vgl. 292).

Felix liebt den schönen Schein der Adelskultur

Hotels als Transiträume, als Räumlichkeiten des Durchgangs und des Auf- und Abtretens entsprechen Felix' Existenz der Nichtfestlegung und des befristeten Einnehmens einer Rolle auf jeglicher Art von Bühne – parallel zum Geschehen in einer Hotelhalle: „Dort gab es Départs und Ankünfte." (133) Die einzige ‚richtige' Wohnung, die im Text erwähnt wird, ist ein einfaches Zimmer zur Untermiete in Paris. Dieses dient als Aufbewahrungs- und Umkleideort für Felix' Doppelleben als Kellner und Kavalier, um „versuchs- und übungsweise ein höheres Leben zu führen" (237). Doch auch hier muss Felix betonen, dass das zugehörige Stadtviertel dem Fürsten von Monaco gehört: So „blieb ich, auf Abruf, Gast dieses Monarchen und Großcroupiers, ein Gedanke, dessen eigentümlichen Reiz ich nicht verkannte" (ebd.).

Hotels und Zweitwohnung in Paris sind nur Durchgangsstationen ...

Selbst durch diese Einordnung seiner Umkleidestation unterläuft Felix das herrschende Klassensystem. Das entspricht seinen Gedanken beim Dienst in der Hotelhalle, wo er seine Auffassung über die Vertauschbarkeit der Rollen erläutert. Er stellt den „Zufall des Reichtums" heraus: „[...] denn eine Aristokratie des Geldes ist eine vertauschbare Zufallsaristokratie." (231) Ein solcher Tausch ist vor allem im Hotel vorstellbar. Felix könnte nirgendwo anders als im Hotel zu Hause sein. Dort kann er seine Wirkung entfalten und sich ihrer bewusst sein, dort kann er eine öffentliche Existenz führen, dort erhält er den für ihn notwendigen Widerhall.

...und dienen als Bühne für eine öffentliche Existenz

61

Ein göttlicher Gauner und andere mythische Gestalten

Mythologische Spiegelungen

- Schon in der Kindheit wird Felix' harmonische, antiken Statuen gleiche Schönheit betont.
- Madame Houpflé vergleicht ihn mit Hermes, einem mit vielen widersprüchlichen Eigenschaften versehenen griechischen Gott.
- Felix wird dadurch vom Individuum zum Typischen erhoben, das Bild vom kriminellen Künstler zum zeitlosen göttlichen Schelm verschoben.
- Weitere mythologische Bezüge verdeutlichen die Weiterentwicklung von Felix' Existenzform.

Göttliche Gaunereien – ist das nicht ein Widerspruch in sich? Nicht in der griechischen Antike und nicht in anderen Mythologien, wie z. B. Andreas Gehrlach an vielen Beispielen nachweist:

> „Mit Prometheus und Hermes zeigen zwei unserer größten Kulturheroen, wie die Begründung menschlicher Kultur und menschlichen Selbstbewusstseins in einem Diebstahl geschehen kann, und auch in den Mythen der Bibel [...] tritt immer wieder ein Diebstahlsgeschehen in Erscheinung, das am Anfang einer Kulturgemeinschaft steht." (Gehrlach 2016, S. 12)

Schon in den Jugendjahren posiert der schön gebaute Felix („göttergleich gewachsen", 26) als Modell für seinen Paten Schimmelpreester:

> „Ich erwähne, daß ich ihm auch mehrmals nackend Modell stand für ein großes Tableau aus der griechischen Sagenkunde, welches den Speisesaal eines Mainzer Weinhändlers zu verschönern bestimmt war." (Ebd.)

Felix als Verkörperung klassisch-schöner antiker Statuen

Die Harmonie und klassische Schönheit griechischer Statuen zeigt sich also schon in Felix' frühen Jugendjahren, wenn auch ironisch gebrochen durch die vorgesehene profane Bestimmung des entstehenden Kunstwerks. Die Beschreibung seines Modellstehens für den Paten Schimmelpreester deutet aber im Vorfeld an, was in der Liebesszene mit Madame Houpflé später zum Ausdruck kommt: Felix wird in den Augen der liebeshungrigen Dame zu einem Gott, zu Hermes. Während sie ihn einerseits mit

Kategorien, die ihn in einen niedrigen sozialen Bereich einordnen (Knecht, Domestik, Helot, vgl. 181 f.), ,beschimpft', hebt sie ihn andererseits mit etlichen Umschreibungen auf eine göttliche Ebene („Göttergliederˮ, „heilige Brustˮ, 182), um ihn dann, scheinbar widersprüchlich formuliert, als das Objekt ihres Begehrens anzusehen:

> „Ich liege hier und mache Liebe mit einem zwar göttlichen, doch ganz gemeinen Domestikenjungen. Wie mich das köstlich entehrt!ˮ (183)

Diese genüssliche Ambivalenz gipfelt in ihrer Zuschreibung, Felix gleiche Hermes, dem geschmeidigen „Gott der Diebeˮ (185). Sie betont damit, dass sie ihn nicht als Individuum, sondern als Typus liebt: „[...] die Idee von dir, den holden Augenblick, den du verkörperst? [...] Nur euch Knaben hab' ich geliebt von jeˮ (ebd.).

Mme Houpflé vergleicht Felix mit dem antiken Gott Hermes

Was verkörpert nun Felix alias Hermes, welches Urmuster steckt dahinter? Hier können die Mythen um den antiken griechischen Gott Hermes Auskunft geben. Er zählt zu den zwölf wichtigsten Göttern des Olymp, steht also als Sohn des Zeus in der Götterhierarchie weit oben. Ihm werden schon als Baby in der Wiege große Taten nachgesagt, die mit Diebstahl, Betrug, Handel, aber auch Kultur zusammenhängen. Er zeigt schon als Kleinkind Abenteuerlust, gepaart mit immenser Kraft, und stiehlt dem Gott Apollon Rinder aus dessen Herde. Mit etlichen Listen gelingt es Hermes, die Kühe zu einer Höhle, seinem Geburtsort, zu bringen und gleichzeitig durch den Verweis auf seinen Status als Kind alle Schuld von sich zu weisen.

Hermes gilt als geschickt und erfinderisch, er stiehlt und bezaubert die Geschädigten

Hermes hat aus dem Panzer einer Schildkröte und dem Darm einer der gestohlenen Kühe ein neuartiges Instrument, die Lyra, geformt. Mit dem Spiel auf der Leier entzückt er Apoll, den Gott der Künste, insbesondere der Musik, und darf die Rinder im Tausch mit der Leier behalten. Es wird zudem erzählt, dass Hermes die Panflöte, die Syrinx, erfunden habe. Auch dieses Instrument begeistert Apoll, er bietet Hermes seinen goldenen Hirtenstab an, der Hermes ab sofort als Boten der Götter ausweisen soll.

Er ist schön und besitzt viele Fähigkeiten, aber auch widersprüchliche Attribute

Hermes gilt den Griechen als jugendlich-schön, er wird oft bartlos dargestellt. Kleine Flügel an den Schuhen oder an seinem Helm bzw. auch an seinen Schultern sowie der Heroldsstab sind seine Attribute. Mit dem Stab, so in einigen antiken Erzählungen, kann er Menschen zum Schlafen und zum Träumen bringen. Ausgehend von diesem Mythos wird Hermes in der Mythenwelt zuständig für Vielfältiges und Widersprüchliches wie Kunst und Kriminalität. Er wird zum Gott der Diebe, der Reisenden, denen er Orientierung verschafft (und manchmal auch Desorientierung beschert), der Kunsthändler, der Kaufleute und Hirten. Und eine seiner zentralen Aufgaben ist diejenige des Götterboten, des Überbringers und Übersetzers der göttlichen Botschaften an die Sterblichen. Auch soll er die Seelen der Toten in die Unterwelt, den Hades, geleiten. Im Ganzen aber sorgt er eher für Unordnung: „Nützliches leistet er auch den Menschen, doch nicht viel, denn nach seiner Willkür leitet Hermes sie irre in die dunkle Nacht." (Kerényi 2020, S. 127)

Der Vergleich mit Hermes überhöht Felix' Existenz

Durch das Hermes-Motiv wird ab der Liebesnacht mit Madame Houpflé Felix' Existenzform vom Individuellen ins Universale, ins Allgemeinmenschliche gesteigert. Dieser mythischen Überhöhung widmet sich der Autor Thomas Mann allerdings erst nach langer Zeit, im zweiten Teil seiner Arbeit an dem Roman ab 1951. Als er nach etwa 40 Jahren Schaffenspause die weitere Fortsetzung und Bearbeitung des *Felix Krull* beginnt, liegt eine intensive, Jahrzehnte andauernde Beschäftigung mit Mythologien, insbesondere denen der Antike, hinter ihm – ebenso wie das Schaffen von auf Mythen basierenden Werken, vor allem die Roman-Tetralogie *Joseph und seine Brüder*. Die missbräuchliche Verwendung eines sogenannten germanischen Mythos in der NS-Zeit bewog den Autor, in den alten Mythen nach menschenwürdigeren Mustern zu schauen.

Auch in der neu aufkommenden Psychoanalyse, insbesondere in der Carl Gustav Jungs (1875–1961), war die Wiederentdeckung des Mythos seit Beginn des 20. Jahrhunderts ein großes Thema. Jung sah in den alten Mythen Symbole für Archetypen, für die Urbilder eines universalen Unbewussten, für menschliche Wesenszüge und

Verhaltensweisen über das Individuelle hinaus. Mit einem der bekanntesten Mythenforscher des 20. Jahrhunderts, Karl Kerényi (1897–1973), zusammen verfasste Jung eine *Einführung in das Wesen der Mythologie* (1941), zentraler Schwerpunkt der Studie bildet der Archetypus des „göttlichen Kindes", zu dem auch Hermes an prominenter Stelle gehört.

Mythen als
Vorlagen für
Archetypen

Thomas Mann war mit den Werken C. G. Jungs und Kerényis vertraut, mit Letzterem führte er einen jahrelangen, intensiven Briefaustausch. Zudem stellte Hermes seit jeher eine wichtige Götterfigur für ihn dar: In seinem Aufsatz „Kinderspiele" beschreibt er, dass er ihn sogar spielte: „Ich hüpfte als Hermes in papiernen Flügelschuhen durch die Zimmer" (AS, 164). Der Gott taucht beispielsweise auch in Manns Novelle *Tod in Venedig* (1912) auf.

Hermes'
Bedeutung für
Thomas Mann

So erscheint es nicht verwunderlich, dass Thomas Mann beabsichtigt, in der Weiterentwicklung der Felix-Figur über die erneute Beschäftigung mit der Künstler-Problematik anhand eines halb-kriminellen Hochstaplers hinauszugehen und in der Hinwendung zum Mythos die Überhöhung der Gestalt ins zeitlos Typische zu vollziehen. Bereits im ersten Buch ist der kindliche und jugendliche Felix mit Attributen von Hermes ausgestattet, z. B. sein mehrfach erwähntes schönes Aussehen, seine Affinität zu Schlaf und Traum, seine Diebstähle, mit denen er davonkommt. So beschreibt Felix an einer Stelle, dass er zeit seines Lebens „ein Kind und Träumer verblieb" (56). Nach seinem ‚Auftritt' als Wunderkind im Kurort bekommt er von einer russischen Fürstin eine Diamantbrosche in Form einer Leier geschenkt (vgl. 23). Und mit Schimmelpreesters Phidias-Erzählung – Kunst aus Diebstahl geboren (vgl. 25) – wird ebenfalls eine wichtige Eigenschaft des Gottes Hermes im ersten Teil des Werks verkörpert.

Parallelen
zwischen Felix
und Hermes
durchziehen
den Roman

In einer der antiken Erzählungen werden Hermes und Aphrodite, die Göttin der Schönheit, als Geschwisterpaar bezeichnet (vgl. Kerényi 2020, S. 128). Ihre Kinder sollen Eros, der Gott der Liebe, und Hermaphroditos, der als Zwitter männliche und weibliche Züge in sich vereinigt, gewesen sein. So klingen in der Figur des Hermes auch Eros und Androgynität an – weitere zentrale Motive in Felix Krulls *Bekenntnissen*.

Hermes kommt also im mythologischen Kontext des Romans die wesentliche Rolle zu. Daneben sind aber auch Bezüge zu antiken und vorderasiatischen Mythen zu erkennen. Von der altgriechischen Sagenwelt inspiriert sind der Geburtsname von Madame Houpflé (Diane Philibert) und der Vorname der Zirkusakrobatin Andromache (wörtl.: „die wie ein Mann kämpft"). Beide Namen spiegeln ebenfalls das Motiv der Androgynität wider.

„Diana" ist der römische Name der jungfräulichen Göttin sowohl der Jagd als auch des Mondes; sie gilt als Beschützerin der Frauen und Mädchen. „Philibert" gehört zu den gebräuchlichen männlichen Vornamen in Frankreich (vgl. GKFA 12.2, 427). Es entbehrt nicht der Ironie, wenn die liebeshungrige Madame Houpflé nach einer jungfräulichen Göttin benannt ist. Gleichwohl wird auch sie in den mythologischen Umkreis erhoben, wie der Hinweis auf ihre „goldenen Augen" (181) betont.

Auch wenn der Name des Narziss im gesamten Text nicht erscheint, sind die Anspielungen auf diesen antiken Mythos unübersehbar. Narziss ist der schöne Jüngling, der alle Verehrer und Verehrerinnen ablehnt. Durch göttliche Strafe verliebt er sich in sich selbst, als er sein Gesicht im Wasser einer Quelle gespiegelt sieht. Das Objekt seiner Begierde bleibt also nur Schein in der Spiegelung, es ist flüchtig und er kann so nie eine Verbindung eingehen.

Der psychologische Begriff des Narzissmus basiert auf diesem Mythos. Ein Narzisst ist dementsprechend jemand, der sehr auf sich selbst bezogen ist, ein großes Bedürfnis nach Anerkennung hat und sich sehr oft selbst überschätzt. Er bleibt bindungsunfähig und sieht sich stets im Zentrum allen Geschehens. Verbindungen zu Felix drängen sich auf, gipfelnd in seiner Vorstellung, er selbst sei das Ziel der gesamten Evolution (vgl. 313). Schon als Kind liebt er die Rolle eines Kaisers, er ist von seiner „Prinzlichkeit" (262) überzeugt. Er fühlt sich auserwählt, verharrt aber letztlich in der Bindungslosigkeit. Seine Erfolge beruhen auf Hochstapelei, sind also nur scheinbar.

Im dritten Buch erfolgt eine Art kosmologische Erhöhung von Felix' Existenzweise durch Professor Kuckuck, der mit seiner Familie in den Augen diverser Kommentatoren an die olympische Familie um den Göttervater Zeus erinnert (vgl. GKFA 12.2, 450, 614 f.; auch Wysling 1982, S. 265). Es sind aber auch weitere mythologische Ausweitungen unübersehbar. Erscheint zunächst die ausführliche Darstellung des Stierkampfes als Wiederaufnahme des alten Motivs des Theaters, so verbirgt sich dahinter der Verweis auf einen altorientalischen Stierkult. Der persische Mithras-Kult wurde in der spätrömischen Antike übernommen. Mithras gilt als der Gott des Lichts, der die Finsternis besiegt. Der Stier bildet den Gegenpol zu dem Heil bringenden Gott Mithras, er symbolisiert die Dunkelheit und die irdische Natur. In den feierlichen Ritualen zu Ehren von Mithras werden Stiere getötet.

Der Dualismus von Gut und Böse, von Licht und Schatten spiegelt sich bereits in der Sitzanordnung der Stierkampf-Arena: Es gibt sonnige und schattige Plätze (vgl. 383). Eine frühzeitlich-kultische Atmosphäre zeigt sich auch in der dortigen Stimmung: „Es liegt etwas Dumpfes, Urtümliches darin, das zwar […] Ehrfurcht, aber auch etwas Sorge erregt." (386) Ebenso unterstreichen die würdige Kleidung der Zuschauer und das Gefühl einer „gewissen Weihe" (388) die Erhabenheit der Szenerie, wo das „Blutspiel" (392) aber gleichzeitig Spaß und Unterhaltung liefert, die „zugleich beklemmende und heilig belustigende, aus Jux, Blut und Andacht unvergleichlich gemischte Stimmung von freigegebener Ur-Volkstümlichkeit, tief heraufgeholter Todesfestlichkeit" (390).

Der Stier selbst gilt schon in der Frühzeit und in der Antike als Opfertier, in der griechischen Antike wird er u. a. in Zusammenhang mit dem Dionysos-Kult gebracht. In der persischen Mythologie hat Mithras den Stier getötet. So fügt Thomas Mann dem Roman noch eine religiöse, vorchristliche Tradition hinzu, in der der Stier in der Are-

Stierkampf: Tradition des Mithras-Kults

Kultische Atmosphäre in der Arena

na zu Lissabon zum „Gott-Tier" (389), „Tiergott" (ebd.), zum „Zeuge- und Mordgott" (390) wird.

Felix' „Allsympathie" konzentriert sich auf Senhora Kuckuck

Aus Felix' Perspektive ist aber (fast nur) die Gestalt des Torero Ribeiro aufgrund von dessen Schönheit und Eleganz sowie der Überwindung des Dummen, Dunklen, Bösen interessant; Ribeiro sei „der augenblicklichen Stumpfheit der gehörnten Unterwelt wohl sicher" (393). Schon als jugendlicher „Kostümkopf" war der Stierkämpfer eine der Rollen, die Felix perfekt verkörpern konnte (vgl. 26, eine weitere Brücke vom ersten zum dritten Buch). Für den erwachsenen Felix sind Professor Kuckucks Ausführungen, mit denen dieser auf die Nähe von Mithras-Kult und Christentum hinweisen möchte (vgl. 394), dann weniger interessant, denn er fühlt sich weitaus mehr von der neben ihm sitzenden erotischen Senhora Kuckuck angezogen. Kuckucks Konzept der „Allsympathie" (287) zeigt sich hier wohl eher im Kleinen.

Kosmisches Theater

KURZINFO

Der Blick mit den „Sternenaugen"

- Die Begegnung mit Professor Kuckuck erweitert nicht nur Felix' Wissen beträchtlich, sondern vertieft auch das Verständnis seiner eigenen Existenz.
- Er ist fasziniert von den kosmischen Dimensionen der Darlegungen des Professors, sieht sich bzw. den Menschen aber in einer herausgehobenen Position – auf ihn läuft die Entwicklung zu.
- Laut Kuckuck entwickelt der Mensch im Wissen um die Vergänglichkeit eine „Allsympathie" für alles Sein. Für Felix bedeutet dies die Liebesbeziehung zwischen ihm und der Welt.
- Im Gegensatz zur Auffassung des Philosophen Schopenhauer geht für Felix eine beglückende Existenz nicht über die Teilnahme an dem Spiel mit Masken und verschiedenen Erscheinungsformen hinaus.

Umfangreiches Gespräch mit Kuckuck

Felix' Begegnung und Gespräch mit Professor Kuckuck nimmt den Großteil des fünften Kapitels im dritten Buch ein. Es ist eins der längsten und auf den ersten Blick vielleicht auch unzugänglichsten Kapitel der *Bekenntnisse*. Durch die Darlegungen Professor Kuckucks gerät Felix auf seiner (Lebens-)Reise in die äußersten Winkel menschlichen Wissens und philosophischen Nachdenkens, in die erdgeschichtliche Entwicklung, die Entstehung des Lebens und die Strukturen des Kosmos. War Paris die Station, um das mondäne Leben zu erlernen und zu perfektionieren, wird nun das ehemalige Zentrum von „Entdeckungsfahrten" (271), die Stadt Lissabon, zum Punkt der Ausweitung von Felix' Existenz. Auf gesellschaftlicher Ebene bewegt er sich in adligen Kreisen, sogar eine Audienz beim König wird ihm gewährt.

Diese – vielleicht auf den ersten Blick überraschende – Erweiterung der bisherigen Themen der *Bekenntnisse* dient nicht nur der Wissensvertiefung von Felix, sondern sie hat vielmehr auch die Funktion einer fundamentalen Rechtfertigung von dessen hochstaplerischen und künstlerischen, über jegliche Moral erhabenen Lebensweise. Das wird in bestimmten Situationen (z. B. im Gespräch mit Kuckuck im Zug nach Lissabon und die Führung im Naturkundemuseum durch Hurtado und Kuckuck) deutlich.

Felix' Dasein erfährt eine Ausweitung

Zunächst verändert Kuckuck, schon durch seine „Sternenaugen" und seine altmodische Kleidung als nicht alltägliche, fast mythische Gestalt und als Verbindungsmann zum Höheren charakterisiert, Felix' Perspektive in kosmische Dimensionen, indem er dessen Reise als „Inspektion dieses Sternes" (270) bezeichnet. Kernthema des Gesprächs im Speisewagen des Zugs wird die philosophische Grundierung des Felix wohlvertrauten, immer wieder anklingenden Liedes „Freut euch des Lebens, weil noch das Lämpchen glüht" (277): die Intensivierung der Freude durch das Wissen um die Vergänglichkeit.

Kuckuck erweitert Felix' Perspektive ins Kosmische

Der Stern namens Erde, die Galaxien, das gesamte Weltall sind aus dem Nichts entstanden, bilden eine Episode des Seins und verschwinden wieder im Nichts – so das Weltbild von Kuckuck. Und die Zeitspanne, in der organisches Leben auf der Erde existieren kann, ist darüber hinaus noch mehr begrenzt, da sich die für Lebendiges notwendigen Bedingungen verändern:

Kuckucks Weltbild: eine kurze Episode des Seins im Nichts

> „Die Zeit der Bewohnbarkeit eines Sternes ist begrenzt. Es hat das Leben nicht immer gegeben und wird es nicht immer geben. Das Leben ist eine Episode, und zwar im Maßstabe der Äonen, eine sehr flüchtige." (Ebd.)

Durch die (in wissenschaftlicher Hinsicht nicht sehr exakten) verschiedenen Exkurse Kuckucks die Abstammung betreffend sowie durch die Lehre von den drei „Urzeugungen" („[d]as Entspringen des Seins aus dem Nichts, die Erweckung des Lebens aus dem Sein und die Geburt des Menschen", 281) wird Felix zum wahrhaften Schüler des älteren Professors. Er muss sich mit folgenden Grundfragen beschäftigen:

Felix wird zum Schüler, der sich viele Fragen stellen muss

- Gibt es eine Hierarchie in der Entwicklung des Lebens, bildet der Mensch in der Tat die Krone der Schöpfung, die höchste Stufe der Evolution?
- Oder anders formuliert: Gibt es einen Fortschritt, eine aufsteigende Linie in der Entwicklung irdischen Lebens?
- Warum sind bestimmte Erscheinungsformen wie z. B. der Dinosaurier und der Säbelzahntiger ausgestorben?
- Was könnte den Menschen vor allem anderen auszeichnen?
- Kann es eine klare Grenze zwischen den Erscheinungsformen des Lebendigen geben, also zwischen den Pflanzen und Tieren, den einzelnen Tiergattungen und Tier und Mensch? Wie viel Anorganisches, wie viel Tierisches steckt demnach im Menschen?
- Was bedeutet eigentlich organische Materie, Lebendiges?
- Wie kann episodisches Leben zu „Lust und Last" (287) beitragen? Was ist unter dem „tumultuöse[n] Fest" (282) des Seins zu verstehen? Und was bedeutet das alles für Felix und für die Rechtfertigung seiner Existenzweise?

Besonders aber für die Leser der *Bekenntnisse* interessant ist das Thema des Museums als Bühne – gibt es hier einen Bezug zu zentralen Themen der ersten beiden Bücher wie Hochstapelei, Künstlertum, Hermes?

Nach Kuckucks Ansicht hat das Sein weder Sinn noch Ziel

Kuckuck legt seinem Gedankengebäude also zunächst das Episodische, das Vergängliche allen Seins zugrunde. Die flüchtige Erscheinung des Seienden hat keinen höheren Sinn, kein Ziel, keine Moral. Die organische Natur ist irgendwann aus dem Anorganischen entstanden, sie verdankt sich nur der „Idee des Zellenzusammenlebens"

(278), Fleisch ist „Vielzelligkeitsgewebe" (ebd.). Dieses Gewebe schuf zum Teil monströse Gestalten wie den Blauwal oder den Dinosaurier, der – so Kuckuck – aufgrund seiner wenig ästhetischen Form aussterben musste, der plumpe Wal musste sich ins Meer verziehen (vgl. ebd).

Im Museum wird Felix klar, dass die Natur selbst auch ein Künstler ist, der die Feinheit der Muschelschalen, die Kopffüßer, die Weichtiere aller Art geschaffen und dafür gesorgt hat, dass die weniger Schönen, die an Form Maßlosen nicht sichtbar sind bzw. aussterben (vgl. 313). Letztlich ist die Gestaltung der Natur aber ohne Sinn, wie das Beispiel der sich jeweils weiterentwickelnden und voneinander abhängigen Tierarten wie Riesengürteltier und Säbelzahntiger zeigt: Entfällt die Lebensgrundlage des Gürteltieres, kann auch der sich von diesem Tier ernährende Tiger nicht überleben.

Felix entdeckt die Künstlerschaft der Natur

Dabei handelt es sich zwar um eine Evolution, diese ist aber nicht zielgerichtet: Erscheinungsformen kommen und gehen. Doch das von Kuckuck dargelegte nihilistische Weltbild kann Felix Krull nicht für sich stehen lassen. Er denkt darüber nach, ob nicht alle frühen Formen der lebendigen Natur, und hätten sie noch so merkwürdige Form wie z. B. die Weichtiere oder die Meeressaurier, als „Vorversuche in der Richtung auf mich, will sagen: den Menschen" (313) zu sehen sind.

Felix kann sich also nur eine Entwicklung der Natur zu sich selbst hin bzw. zur Krönung der Evolution durch den Menschen vorstellen. Kuckuck relativiert diese Vorstellung, indem er einerseits auf die Gleichzeitigkeit der Geschöpfe hinweist (vgl. 285) – der Einzeller besteht neben dem Vielzeller, das Virus neben dem Menschen –, und andererseits auf die Tatsache, dass es keine festen Grenzen zwischen Belebtem und Unbelebtem gibt. So enthält die Knochenstruktur des Armes einer schönen Frau auch die knöcherne Figuration des Krallenflügels eines urzeitlichen Vogels (vgl. 280). Denn beim Menschen finden sich letztendlich sowohl tierische als auch (in seinen Atomen) anorganische Elemente (vgl. 285).

Er sieht eine Entwicklung hin zum höchsten Wesen, dem Menschen

Laut Kuckuck ist der Mensch fähig zur „Allsympathie"

Und dennoch gibt es für Kuckuck einen nur dem Menschen eigentümlichen Wesenszug: Er weiß um die Vergänglichkeit allen Seins. Dieses Wissen befähigt den Menschen zur Sympathie mit allem Existierenden. Das Sein dient nicht – so Kuckuck – dem Wohlgefühl des Menschen, sondern

> „es sei Lust und Last, und alles raumzeitliche Sein, alle Materie habe teil, sei es auch im tiefsten Schlummer nur, an dieser Lust, dieser Last, an der Empfindung, welche den Menschen, den Träger der wachsten Empfindung, zur Allsympathie lade." (287)

Da Felix sich in den gesamten *Bekenntnissen* als sehr für alle Reize empfänglich schildert, erfasst er – vor dem Hintergrund der Ausführungen Professor Kuckucks – wohl viel mehr als andere das vergängliche Schauspiel des Seins. Er vermag die ganze Welt, die Erscheinungsformen des Existierenden, als Theaterstück mit einem Anfang und einem Ende zu sehen und zu begreifen. Das Weltall ist die Bühne, der Mensch ein Zuschauer und ein Mitspieler, ein Spieler, dem das Schauen und Sich-Verwandeln sowohl Freude als auch Schmerz bereiten, ihn aber stets zur Empfindung der Einheit allen Seins, zur „Allsympathie" bringen.

Für Felix beinhaltet die „Allsympathie" eine Bestätigung seiner Freude am Schein und an der Verwandlung

Felix als Rollenspieler scheint in dieser Hinsicht besonders begnadet zu sein. Maskierung, Kunst, Schönheit, Nachahmung in jeglicher Hinsicht, damit auch Illusion und Schein erfreuen den Menschen, vertiefen seine Empfindungen für die Vergänglichkeit allen Seins. Später, in einem um Zouzou werbenden Gespräch, nimmt Felix diesen Gedankengang – und nicht nur ironisch – wieder auf. Zouzou zitiert einen Reim, der die unschöne körperliche Basis („Gekrös", „Gestank", 371) unter der feinen Oberfläche der Haut verdeutlicht. Felix verteidigt die Haut, den schönen Schein, die Illusion: Wenn der Glaube „an Schönheit, Form, Bild und Traum, an jedwede Erscheinung, die natürlich, wie es im Worte liegt, Schein und Traum ist", nicht gepflegt wird, „wo bliebe das Leben und jegliche Freude, ohne die ja kein Leben ist, wenn der Schein nichts mehr gälte und die Sinnenweide der Oberfläche?" (371 f.)

Hochstapelei als Schein, Künstlertum als Neigung zum Illusionären sollen nun im kosmischen Zusammenhang verstanden werden. Diese Thematik spiegelt sich auch in der Beschreibung der einzelnen Szenerien des Naturkundemuseums: der bühnenartige Aufbau der Vorhalle mit bemalten Kulissen, die Tiermodelle und damit auch der Beruf des Tierplastikers Hurtado, die kleinen Theatermodelle, in denen die Frühmenschen ausgestellt sind samt ihren Künsten, ihrer Freude an der Illusion, der Höhlenmalerei.

Das Naturkundemuseum gleicht einer Bühne

Ein Tiermodell sei hier besonders hervorgehoben: die Figur eines Koboldmaki, eines sehr kleinen Primaten mit übergroßen Augen. Felix sieht auch bei diesem „Frätzchen", dass die Evolution auf ihn hinauslaufe, „wenn auch auf verlarvte und und wehmütig scherzhafte Weise" (316). „Larve" ist hier als das ältere Wort für „Maske" zu verstehen. Wehmut und Last schleichen sich ein ob der vergänglichen Kette der Evolution, Scherz und Freude über das Erkennen der kosmischen Maskerade, des Scheins, der Larve.

Im Modell eines kleinen Primaten sieht Felix einen Vorläufer für die eigene Maskerade

Mit dieser Vertiefung des Gedankens an Felix' Masken-Existenz knüpft Thomas Mann unter anderem an die Philosophie des 19. Jahrhunderts, in erster Linie an die Lehre Arthur Schopenhauers an. Einzelne Elemente wie die Flüchtigkeit alles Existierenden sowie die Unmöglichkeit, das wahre Sein der Dinge zu erkennen, also die Fähigkeit des Menschen, nur die Hülle, die Larve des Seienden wahrzunehmen, sind zentrale Themen Schopenhauers. Auch dass die Evolution kein Ziel, keine Richtung beinhalte, deckt sich mit dem zum Teil durch buddhistische Elemente beeinflussten Gedankengut Schopenhauers.

Das Bild von der Existenz und Evolution ist beeinflusst von Schopenhauers Lehre

In dessen Hauptwerk *Die Welt als Wille und Vorstellung* (1818) wird alles Existierende als Erscheinungsform eines gestaltlosen „Urwillens", einer ziellosen, allem zugrundeliegenden Urdynamik angenommen. Im pessimistischen Weltbild Schopenhauers ist der Mensch durch den Urwillen getragen, und nur diejenigen, die einen Abstand zu dieser kosmischen Triebkraft herstellen können, gelangen zu einem inneren Frieden. Ein solcher Mensch

> „blickt nun ruhig und lächelnd zurück auf die Gaukelbilder
> dieser Welt, die einst auch sein Gemüth zu bewegen und zu
> peinigen vermochten, die aber jetzt so gleichgültig vor ihm
> stehn, wie die Schachfiguren nach geendigtem Spiel, oder
> wie am Morgen die abgeworfenen Maskenkleider, deren
> Gestalten uns in der Faschingsnacht neckten und beunruhig-
> ten. Das Leben und seine Gestalten schweben noch vor ihm
> wie eine flüchtige Erscheinung, wie dem Halberwachten
> ein leichter Morgentraum, durch den die Wirklichkeit schon
> durchschimmert und der nicht mehr täuschen kann."
> (Schopenhauer, 284)

Felix' Existenz bildet einen Gegenentwurf zur Auffassung Schopenhauers

Im Gegensatz zu dieser Auffassung Schopenhauers er-freut sich Felix Krull jedoch an den flüchtigen Dingen des Daseins, liebt und genießt das Wechselspiel der Er-scheinungen – das ist seine Wirklichkeit. Er agiert mitten in diesem Spiel, das nicht endet und dessen Masken er anbehält: „Seine Allsympathie ist im Wesentlichen ero-tisch, Allbejahung und symbolische Vereinigung mit dem All." (GKFA 12.2, 446 f.)

Autobiografische Elemente

KURZINFO

Thomas Mann und sein letzter Roman

- Der Roman wird in zwei Arbeitsphasen, mit fast 40-jähriger Unterbrechung, geschrieben.
- Von Anfang an beklagt Thomas Mann Schwierigkeiten mit dem Schreiben, gibt aber den Plan nie auf.
- Wie in fast allen seinen Werken gibt es viele autobiografische Bezüge zum Leben des Autors.
- So spiegelt sich z. B. Manns auf junge Männer bezogene homoerotische Neigung in der Figur Lord Kilmarnocks und deren Erfüllung im Verhalten Madame Houpflés.

Thomas Manns anfängliche Verwunderung über seinen Roman

„Ich sammle, notiere und studiere für die Bekenntnisse des Hochstaplers, die wohl mein Sonderbarstes werden. Ich bin manchmal überrascht, was ich dabei aus mir he-raushole", schreibt Thomas Mann am 10. Januar 1910 an seinen Bruder Heinrich (vgl. TM/HM, 87). Wie sich herausstellt, ist dieser Roman in mehrerer Hinsicht „son-derbar": Er gilt gemeinhin als eines der ‚leichtesten', po-pulärsten und erfolgreichsten Werke Thomas Manns –

gleichzeitig äußert der Autor immer wieder Unsicherheit, gar Missvergnügen über die Arbeit daran.

Angeregt und für Thomas Mann thematisch interessant wird die Arbeit durch das Erscheinen der Memoiren eines seinerzeit berühmt-berüchtigten realen Hochstaplers namens Georges Manolescu, die 1905 unter den Titeln *Ein Fürst der Diebe. Memoiren* und *Gescheitert. Aus dem Seelenleben eines Verbrechers* erschienen. Ursprünglich soll das Werk eine Novelle werden: Thomas Mann sammelt Material in Form von Zeitungsausschnitten, Auszügen aus Reise- und Stadtführern, aus kriminologischen und psychologischen Schriften und legt diese thematisch geordnet in Mappen unter verschiedenen Kategorien (z. B. „Hotel. Reise", „Elegante Festlichkeiten", „Interieurs", „Weiblichkeit" u.v.m.) ab. Anfang Januar 1910 beginnt er mit dem Verfassen des Manuskripts und beklagt im oben genannten Brief an Heinrich, wie schwer ihm dies falle: „Auch muß ich aufpassen, daß der Kuchen nicht wieder so auseinandergeht und daß nicht wieder aus dem Novellenstoff ein Roman wird" (ebd., 89).

Memoiren des realen Hochstaplers Manolescu als Anregung

1913 endet die erste Schreibphase. Zwar ist das erste Buch der *Bekenntnisse* vollständig und das zweite Buch etwa zur Hälfte fertiggestellt, jedoch belässt es der Autor dabei und wendet sich zahlreichen anderen Werken zu. Veröffentlicht werden 1923 das erste Buch unter dem Titel „Buch der Kindheit" und 1937 eine erweiterte Fassung als unvollständige Fragmente. Auch stellt der Autor einzelne Kapitel in seinen öffentlichen Lesungen vor.

Einstellung der Arbeit am Roman für fast 40 Jahre …

1951, also knapp vierzig Jahre nach seinen ersten Aufzeichnungen, nimmt der inzwischen 76-jährige Thomas Mann die Arbeit an *Felix Krull* wieder auf, allerdings mit vielen Zweifeln, ob seine Kraft und sein Engagement nach der Arbeit an einem seiner Hauptwerke, dem umfangreichen Roman *Doktor Faustus*, noch reichen würden. Auch zweifelt der Autor daran, dass die Rückbesinnung auf die kriminellen und erotischen Eskapaden seines jugendlichen Helden überhaupt noch seinem (Thomas Manns) Alter gemäß sein würde (vgl. TB 1949–1950, 298). Gleichwohl bringt er das Werk, auch mit tatkräftiger Unterstützung und Ermutigung durch seine Tochter

… und Wiederaufnahme 1951 mit vielen Zweifeln

und enge Vertraute Erika, zu einem ihn letztlich zufriedenstellenden Ende.

Erfolgreiche
Veröffentlichung
1954

1954 wird *Bekenntnisse des Hochstaplers Felix Krull. Der Memoiren erster Teil* veröffentlicht. Der Untertitel deutet zwar an, dass es einen zweiten Teil geben könnte (Thomas Mann hat von Anfang an einen stichwortartigen Plan für die Fortsetzung), jedoch ist dem fast 80-jährigen Autor klar, dass er diesen niemals umsetzen kann und will (vgl. Stein 1984, S. 96). Nach dem Erscheinen entwickelt sich das Buch schnell zu einem Bestseller und wird von Kritikern und Publikum sehr positiv aufgenommen. In einem Brief vom 3. Dezember 1954 an seine Tochter Monika schreibt der Vater überrascht und vielleicht auch mit ein wenig Koketterie: „Der Erfolg des Buches ist ganz lächerlich. Er hält schon beim 42. Tausend und hat eine verzückte Presse. Ich falle aus den Wolken, wie gewöhnlich." (B 3, 366)

Der Roman hat
den Autor immer
begleitet

Im Gegensatz zu den – eher selbstkritischen – Äußerungen des Autors steht die Tatsache, dass ihn sein letzter Roman fast sein ganzes Schriftstellerleben lang beschäftigt hat. So hat er seine umfangreiche Materialsammlung, die im Thomas-Mann-Archiv in Zürich zu besichtigen ist, immer wieder hervorgeholt mit der Absicht weiterzuschreiben – und es dann doch nicht getan. Gleichwohl begleitet ihn diese Materialsammlung überallhin, an all seine Lebensorte: von München ins Exil nach Holland, Südfrankreich, in die Schweiz, schließlich in die USA und nach dem Zweiten Weltkrieg zurück in die Schweiz. So kann er 1951 sozusagen ‚nahtlos' an die Arbeit anknüpfen.

Thomas Manns
Arbeitsethos

Warum aber hat Thomas Mann den Roman überhaupt fortgeschrieben? Da ist sicher zunächst sein Arbeitsethos, seine Disziplin und der Wille, eine einmal angefangene Sache auch zu beenden. Immer wieder schreibt er Gleichlautendes und Ähnliches in seinen Briefen an Freunde und Bekannte, z. B. an Hans Mayer am 29. Dezember 1953: „Ich habe letzthin wie ein Pferd gearbeitet, um die Krull-Memoiren bis zu einem gewissen Punkt zu bringen." (SK, 124) Auch fasziniert ihn anfangs zu erfahren, wie sich die thematischen Schwerpunkte des Frühwerks –

und hier besonders die Künstler-Problematik – im Laufe der Zeit verschoben haben. In einem Brief an den Literaturkritiker Otto Basler vom 8. Januar 1951 schreibt er beispielsweise, dass es ihm Spaß mache, nach so langer Zeit einen Bogen zur Fortsetzung des Romans zu schlagen (vgl. Hermsdorf 1976, S. 421).

Am interessantesten ist aber sicher der Ansatz, dass sich gerade in diesem Werk zahlreiche Verbindungen zu Thomas Manns eigenem Leben herstellen lassen. Generell wird die Meinung vertreten, dass der Autor – der nie eine Autobiografie geschrieben hat – seine komplexen Entwicklungen und Erfahrungen, die Schwierigkeiten und Ambivalenzen seiner Bürger-Künstler-Existenz in seinem Werk verarbeitet hat. Dies wird auch durch zahlreiche Selbstäußerungen Thomas Manns bestätigt. So schreibt er beispielsweise am 9. Oktober 1951 im Hinblick auf die Arbeit an *Felix Krull* in sein Tagebuch: „Anwandlungen von innerer Kühnheit, die Memoiren betreffend, die ich gern so nenne, weil ihr einziger Reiz darin besteht, mein Leben [...] hineinzulegen, – selbst unbekümmert um ‚Form' und Objektivität." (TB 1951–1952, 116 f.)

Zahlreiche Parallelen zu Thomas Manns Leben

Die äußeren Parallelen zwischen dem Autor und seiner Figur sind recht offensichtlich: Beide haben das gleiche Geburtsjahr (1875) und ähnliche familiäre Hintergründe. So sind beide Väter Geschäftsleute, wobei die Mannsche Getreidehandelsfirma nach dem frühen Tod des Vaters und nicht aufgrund eines Bankrotts aufgelöst wird. Thomas Manns Mutter zieht daraufhin mit ihren Kindern von Lübeck nach München, ähnlich wie Felix mit seiner Mutter nach Frankfurt. Thomas Mann verlässt seinen Geburtsort Lübeck dabei ebenso freudig wie Felix den seinen im Rheingau, fragt sich aber – ebenso wie dieser im Augenblick der Abreise – immer wieder, wie die Lübecker zu ihm, der sie in seinem ersten Erfolgsroman *Buddenbrooks* (1901) oftmals so deutlich karikiert hatte, wohl stehen mögen angesichts seines wachsenden Erfolges.

Ähnliche familiäre Hintergründe und Entwicklungen

Aus kürzeren Aufsätzen Thomas Manns ergeben sich weitere Elemente und Selbstbeschreibungen, die der Autor fast wörtlich in die Ausführungen Felix Krulls übernommen hat. So schreibt er z. B. in „Süßer Schlaf" (1909), dass er ein ruhiges, viel schlafendes Kind war und auch immer den Schlaf und das Vergessen geliebt habe (vgl. AS, 155). In dem Text „Kinderspiele" (1904) führt er aus, wie er als junger Mann seine überbordende Phantasie in Rollenspiele, u. a. als „Prinz Karl", umsetzte – und: „Übrigens brauchte es nicht immer ein Prinz zu sein, meine Rollen wechselten häufig" (AS, 163). Ebenso wie Felix hasste er die Schule und verließ das Gymnasium vorzeitig. Auch entzog er sich dem Militärdienst durch Beziehungen und Vortäuschen einer Verletzung.

Thomas Manns Liebe zu Verkleidungen und Rollenspielen

Die autobiografischen Bezüge beschränken sich aber nicht auf die genannten Einzelheiten und Episoden, sondern gehen weitaus tiefer. So ist die Frage nach der Ernst- und Sinnhaftigkeit von Kunst, die Fragwürdigkeit der Künstlerexistenz im Kontrast zu einem geordneten bürgerlichen Leben, schon immer ein Lebensthema für Thomas Mann selbst, ebenso ein Gefühl von Andersartigkeit, wenn nicht Erwähltheit, die auch Einsamkeit und Bindungslosigkeit einschließt. All diesen bei sich selbst beobachteten Wesensmerkmalen und auch seinen ihm bald bewussten homoerotischen Neigungen versucht er Grenzen zu setzen, indem er sich – durch Ehe, Vaterschaft von sechs Kindern, großbürgerliche Lebensweise – eine, wie er es schon früh in einem Brief vom 17. Januar 1906 an seinen Bruder Heinrich nennt, bürgerliche „Verfassung" gibt (vgl. TM/HM, 52).

Lebensthemen: Kunst und Künstler

Gerade auch Thomas Manns homoerotische Erfahrungen durchziehen viele seiner Werke, vor allem aber auch seine Tagebücher, die – nach seiner eigenen Verfügung – erst zehn Jahre nach seinem Tod veröffentlicht worden sind. Daraus geht z. B. hervor (u. a. TB 1949–1950, 211), dass der inzwischen 75-Jährige sich noch während eines Aufenthaltes in einem Züricher Hotel in einen jungen, hübschen Kellner verliebte; selbstverständlich musste es bei dieser rein platonischen Beziehung bleiben. Gleichfalls beschreibt er ausführlich das elegante Tennisspiel eines jungen, gut aussehenden Argentiniers. Unschwer zu erkennen, dass sich die Konstellation ‚junger Kellner / älterer Mann', auch die Unerfülltheit des Gefühls, in der Begegnung zwischen Lord Kilmarnock und Felix Krull

Homoerotik

wiederfindet. (Thomas Mann hat den Lord einmal als erkennbares Selbstporträt, vgl. GFKA 12.2, 482 f.,) bezeichnet und ihm seine markante Nase vererbt.)

Noch weiter geht der Autor in seiner Beschreibung Madame Houpflés: In dieser Figur wird das erotische Begehren schöner Jünglinge auf eine Frau übertragen und kann daher ausgelebt werden. Im ‚wahren Leben' kleidet Thomas Mann seine Desillusionierung und die Rückkehr zur Realität in einem weiteren Tagebucheintrag vom 6. August 1950 in den Bezug zu *Felix Krull*, besonders zur Demaskierung des Künstlers Müller-Rosé:

> In der Figur Mme Houpflés wird die Liebe zu jungen Männern gespiegelt

> „Erika glaubte, mir im Speisesaal einen jungen Mann recht gleichgültigen Aussehens als den Tennisgott bezeichnen zu können. Der Glühwurm auf der flachen Hand. Illusion! Illusion!" (TB 1949–1950, 240)

„Leben heißt: in Spuren gehen" – Tradition und Variation

KURZINFO

Bezüge zu traditionellen Erzählformen

- Die im Titel angesprochene Tradition der Bekenntnisse wird auf den Kopf gestellt.
- In Inhalt und Form sind traditionelle Elemente aus Goethes Autobiografie *Dichtung und Wahrheit* sowie aus Bildungs- und Entwicklungsromanen nicht nur übernommen, sondern auch parodiert.
- *Felix Krull* steht auch – inhaltlich wie formal – in der Tradition der Schelmenromane. Der Protagonist ist aber kein kritisch-entlarvender, sondern ein angepasster Schelm, der die Welt so genießt, wie sie ist.

Thomas Mann sieht sich und sein Werk nicht nur in großen Traditionen des Abendlandes, sondern er entnimmt auch manche Themen und Motive den vorder- und südostasiatischen mythologischen Bereichen (siehe „Mithras-Kult", Lektürehilfe, S. 67). Im Text zu seinem Vortrag „On Myself" schreibt er:

> Bezug zu Traditionen und Mythen

> „Leben heißt: in Spuren gehen, Nachleben, Identifikation mit einem sichtbarlichen oder überlieferten, mythischen Vorbild! […] Alles Leben ist Wiederkehr und Wiederholung, und der sogenannte ‚Charakter' des Individuums eine mythische

Rolle, die in der Illusion origineller Einmaligkeit gespielt wird"
(AS, 87).

Einflüsse der
Psychoanalyse

Doch die Spuren des *Felix Krull* reichen auch in nachmythologische Zeitalter bis hin zur Gegenwart des Autors.
Auf Einflüsse der Psychoanalyse (vor allem C. G. Jung)
wurde bereits hingewiesen (vgl. Lektürehilfe, S. 64 f.).
Wesentlich sind aber auch formale Traditionen wie die
der Autobiografie, des Entwicklungs- und Bildungsromans, des Schelmenromans – und Thomas Manns Abwandlungen dieser traditionellen Muster.

Tradition
der Bekenntnisliteratur

Bereits im Titel seines Romans benutzt der Autor den
Begriff **„Bekenntnisse"** und geht damit auf eine jahrhundertealte Sonderform der Autobiografie ein, die nach
allgemeiner Auffassung mit den *Confessiones* des Augustinus (um 400 n. Chr.) begann. Es handelt sich um eine Art
Enthüllung einer Persönlichkeitsentwicklung mit ihren
Höhen und Tiefen, eine Lebensbeichte (im religiösen wie
auch später im nichtreligiösen Sinn), die das Eingeständnis von Schuld und von Verfehlungen einschließt und
die Bereitschaft zur Buße, zum Sühnen der Schuld bezeugt. Bei Augustinus kommt noch als wichtiges Anliegen die christliche Lobpreisung Gottes hinzu.

Hier zeigt sich, dass der Roman *Bekenntnisse des Hochstaplers Felix Krull* die traditionelle Form umkehrt: Abgesehen davon, dass jedes christliche Element fehlt, zeigt
Felix – trotz ständiger Beteuerungen seiner Wahrhaftigkeit und Bereitschaft zur Offenlegung seines aus der
Sicht anderer kriminellen Lebensweges – keinerlei
Schuldbewusstsein oder gar Bereitschaft zur Sühne. Er
ist sein eigener Gott, er rühmt sein Ich und das Leben,
das dieses Ich führt und bejaht.

Bezugnahme
v.a. auf Goethes
Autobiografie
*Dichtung und
Wahrheit*

Noch deutlicher wird der parodistische Charakter des
Romans mit Bezug auf das wohl berühmteste klassische
Vorbild: Johann Wolfgang Goethe (1749–1832) gab seiner **Autobiografie** den Titel *Aus meinem Leben – Dichtung
und Wahrheit*. Sie entstand zwischen 1808 und 1831 und
bezieht sich auf Goethes Leben bis zum Jahre 1775. Er
nennt sie selbst „Bruchstücke einer großen Konfession"
(Goethe, 283), wobei der Zusammenschluss von „Dich-

tung" und „Wahrheit" bereits darauf hindeutet, dass diese Autobiografie keine objektive Wahrheit beansprucht, sondern eine persönliche Wahrheit, eine Art Ich-Mythos darstellt.

Thomas Mann hat Goethe selbst als eine Art Mythos verstanden. Er steht für ihn für „Größe, Würde, überzeitliche Geltung, weltweiten Ruhm" (GKFA 12.2, 113). Diesem Mythos gilt es nachzueifern, ihn für sich selbst zu entdecken und für sein Schreiben eine Basis zu haben, um darauf Neues gestalten zu können. In diesem Sinne ist der allgemein als Parodie auf *Dichtung und Wahrheit* gesehene Roman *Felix Krull* eben auch als eine Form der Arbeit an einer Tradition zu verstehen.

Thomas Manns Bewunderung für Goethe

Thomas Mann übernimmt wesentliche Elemente von Goethes „Konfession", z. B. Motive wie den träumerischen Schlaf, Bildung als Geschenk, Sprachbegabung, Freude an Verkleidungen, am Theater, Liebe zu Hermes, Detailreichtum der Beschreibung, Einschub allgemeiner Reflexionen, Auffasung vom Leben als ernster Aufgabe, das 40. Lebensjahr als Schreibbeginn für eine Autobiografie. Jedoch zeigen sich auch Unterschiede, die den Charakter der Parodie in *Felix Krull* besonders deutlich machen. Beispielsweise ist für Goethe das Theater eine „Bildungsmacht", für Felix dagegen eine „Stätte trügerischer Illusion" (Wysling 1982, S. 175).

Sowohl Übernahme als auch Abwandlung vieler Motive Goethes

Dazu kommt, dass Thomas Mann sich bewusst sprachlicher Muster bedient, die an Stil und Aura der Goethezeit erinnern sollen, im Zusammenhang von Krulls selbstgefälligen Ausführungen aber oft unangemessen, überzogen und unfreiwillig komisch wirken (vgl. Schulz 2000, S. 460). Der Autor parodiert also nicht nur den Meister Goethe, sondern auch sein Bild von diesem Vorbild und damit nicht zuletzt auch sich selbst.

Parodie von Goethes Stil

Thomas Mann bedient sich zum ‚In-Spuren-Gehen' nicht nur Goethes Autobiografie, sondern auch anderer Werke dieses großen „Ur-Bildes" wie insbesondere dessen *Faust*-Drama und auch des Romans *Wilhelm Meisters Lehrjahre* (1795/96). Letzteres Werk gilt als einflussreichstes Beispiel für den klassischen **Entwicklungsroman.** In dieser

Romanform wird in chronologischer Reihenfolge die innere und äußere Persönlichkeitsentwicklung eines jungen Helden in der Auseinandersetzung mit der Umwelt und der Gesellschaft erzählt. In der Sonderform des **Bildungsromans** wird dabei vor allem der Einfluss wichtiger Kulturgüter, wie Schule, Literatur, Theater, Kunst, auf diese Entwicklung betont. So führen die Bewusstseins- und Lernprozesse des Helden am Ende, durch Erkenntnis seiner Wandlungen und auch Irrtümer, zur Herausbildung einer reifen Persönlichkeit in Versöhnung mit der Gesellschaft.

Auch darin wird Thomas Manns parodistische Bearbeitung deutlich. Von Anfang an stilisiert sich ausgerechnet Felix Krull, dessen Identität eine Ansammlung verschiedener Rollen ist und dessen gesamte Existenz auf glänzendem Schein und gelungener Täuschung beruht, als Verkörperung eines klassischen Bildungsideals. Allerdings ist die freie Entfaltung der Persönlichkeit, wie sie sich vorbildhaft im Bildungsgang des Wilhelm Meister zeigt, bei Felix nichts weiter als Hochstapelei, die sich an vielen Stellen auch sprachlich fassen lässt, z. B. wenn er seine nächtlichen Streifzüge durch Frankfurt beschreibt:

> „[M]ir selbst überlassen, sah ich […] wiederum eine längere Warte- und Mußezeit vor mir liegen, wie sie dem höheren Jüngling zu stillem Wachstum so willkommen, so notwendig ist. Bildung wird nicht in stumpfer Fron und Plackerei gewonnen, sondern ist ein Geschenk der Freiheit und des äußeren Müßigganges […]." (80)

In diesen und zahlreichen anderen Selbstfeiern wird Felix Krull zum „Anti-*Meister*" (Wysling 1982, S. 218; Hervorhebung dort). Thomas Mann hat öfter diese Traditionslinie und ihren Reiz für die erste Phase seiner Arbeit an *Felix Krull* erläutert. So schreibt er z. B. in dem 1930 zuerst veröffentlichten Aufsatz „Lebensabriß", der Roman beruhe

> „auf der parodistischen Idee, ein Element geliebter Überlieferung, das Goethisch-Selbstbildnerisch-Autobiographische, Aristokratisch-Bekennerische ins Humoristisch-Kriminelle zu übertragen." (AS, 96)

Bezug zum Bildungs- und Entwicklungsroman

Felix' gesamte Existenz ist eine Parodie auf den ‚klassischen' Helden wie etwa Wilhelm Meister

Später, in der zweiten Phase der Arbeit an dem Roman, verlagert sich sein Interesse in Richtung mythologische und psychologische Themen (vgl. Hermes-Figur). Gleichzeitig bringt er für sein Werk eine andere Romantradition, den **Schelmen-** oder **pikaresken Roman**, ins Spiel. Er bezieht sich dabei auf ein berühmtes Beispiel der deutschsprachigen Literatur, den 1668 erschienenen Roman *Der Abentheuerliche Simplicissimus Teutsch* (heute oft *Simplicius Simplicissimus*) des Dichters Hans Jakob Christoffel von Grimmelshausen (1622–1676), der die Geschichte seines Helden in zahlreichen abenteuerlichen Episoden während des Dreißigjährigen Krieges beschreibt.

Späterer Anklang an den Schelmenroman

Der Schelmen- bzw. pikareske Roman hat eine lange Tradition. Im europäischen Bereich wurde sie schon in Spanien im 16. Jahrhundert begründet (span. *picaro* ,Spitzbube, Gauner'; auch ,Landstreicher') und setzt sich bis in die Moderne fort. Im Mittelpunkt steht die in Ich-Form formulierte Lebenserzählung eines Außenseiters und (Über-)Lebenskünstlers, der, oft von niedrigem Stand, sich klug, anpassungsfähig und gewitzt durchs Leben schlägt, dabei in die unterschiedlichsten, häufig auch gefährlichen Situationen gerät und auf Vertreter der niedrigsten bis höchsten gesellschaftlichen Schichten trifft. Der Schelm schreckt auch vor kriminellen und amoralischen Handlungen nicht zurück. Oft werden durch sein Agieren die angeblich moralischen und ethischen Ideale und Werte der Gesellschaft satirisch als hohl und trügerisch entlarvt.

Der Schelm als Lebenskünstler und Gesellschaftskritiker

Häufig setzt Thomas Mann in seinen Briefen und Äußerungen *Felix Krull* in den Traditionszusammenhang des Schelmenromans, speziell des *Simplicissimus*. In der Vorrede zu einer Lesung in Zürich 1952 betont er etwa, dass die Erzählung in Memoirenform zum Typ des Abenteuerromans gehöre, dessen deutsches Urbild Grimmelshausens Werk sei (vgl. Wysling 1982, S. 277).

In der Tat haben der traditionelle Schelm und Felix Krull vieles gemeinsam: den Wunsch, der eigenen begrenzten Herkunft zu entkommen, die Reise- und Abenteuerlust und damit verbunden die häufigen Ortswechsel, die Un-

Übereinstimmung in einigen Kriterien des Schelmenromans

gebundenheit und Beziehungslosigkeit, aber auch die Täuschungen und kriminellen Aktionen.

Auch in formaler Hinsicht sind – neben der Ich-Form der Erzählung – weitere Gattungsmerkmale des Schelmenromans zu erkennen, die eng mit den inhaltlichen Aspekten zusammenhängen. So besteht Thomas Manns Roman aus einer Aneinanderreihung verschiedener abgeschlossener Episoden, die den Helden in Begegnungen mit unterschiedlichen gesellschaftlichen Gruppen zeigen und dadurch ein realistisches Bild der Personen und Handlungsorte präsentieren sollen. Im Prinzip könnte diese Reihung weiter fortgesetzt werden. Die Erzählung bleibt fragmentarisch, läuft nicht auf ein Ende zu. Auch die komischen, teils satirischen Züge des Schelmenromans sind vorhanden.

Unterschied zum ‚klassischen‘ Schelm: Felix verändert sich nicht und er leidet nicht, sondern genießt die Welt, wie sie ist

Allerdings gibt es auch Unterschiede zwischen dem ‚klassischen‘ Schelm wie Simplicissimus und Felix Krull, vergleichbar mit den Abweichungen von der Tradition der Bekenntnisse/Autobiografie. Anders als Simplicissimus, der oft genug an seiner unbehausten Außenseiterexistenz und der unbarmherzigen Realität leidet und auch in der Lage ist, sich zu läutern im Angesicht seiner teils kriminellen oder immoralischen Handlungen (so zieht sich Simplicissimus am Ende in eine Einsiedlerexistenz zurück), empfindet Felix keinerlei Leid oder Bedrohung durch die Wechselfälle seines Lebens. Im Gegenteil: Er genießt seine Kunst, sich an jede nur mögliche Situation anpassen und für sich das Beste herausholen zu können, und er bleibt unverändert in seiner Selbstliebe. Zwar sieht er durchaus Kritikwürdiges in der Gesellschaft, hat aber keinerlei Ambitionen, dies bloßzustellen oder zu ändern, sondern schönt den inhaltlichen Realismus immer wieder in seiner euphemistischen Darstellungsweise: „[A]lles Elend und Leid wird lächelnd verdrängt, und dass dies der Täuschung bedarf, heiter anerkannt." (GKFA 12.2, 122)

Aspekte der Darstellung

Aufbau und Erzählweise

Entwicklung der Erzählstruktur

- Die Episodenhaftigkeit und der zeitraffende Erzählerbericht des ersten Buches entwickeln sich immer mehr zur zeitdeckenden bzw. zeitdehnenden szenischen Darstellung im zweiten und vor allem dritten Buch.
- Der fiktive Ich-Erzähler Felix (über)formt seine Erlebnisse im Sinne seiner Selbsteinschätzung.
- Das fiktive Lesepublikum ist in Felix' Augen gebildet und anspruchsvoll; immer wieder versichert er sich seines Wohlwollens.

Der Roman gliedert sich in drei Bücher, die wiederum in verschiedene Kapitel unterteilt sind. Die einzelnen Bücher enden jeweils mit einer für Felix' weiteren Weg entscheidenden Situation. Im ersten Buch ist das der Selbstmord des Vaters, im zweiten die Liebesnacht mit Madame Houpflé in Paris, die ihm eine vor allem finanzielle Grundlage für seine weitere Karriere verschafft. Das dritte Buch endet mit der gelungenen Eroberung der attraktiven Senhora Maria Pia in Lissabon. Allerdings ist dies auch ein offenes Ende – schließlich ist der gesamte Roman ein Fragment geblieben, da auf den vorliegenden ersten Teil der „Memoiren" keine Fortsetzung mehr folgte.

Der Roman Felix Krull enthält drei Bücher mit jeweils wichtigen Schlusskapiteln

Gemäß ihrer Natur als „Bekenntnisse" bzw. „Memoiren" weist Felix Krulls Erzählung eine Reihung verschiedener, ihm für das Verständnis seines bisherigen Lebens wichtig erscheinenden Episoden auf. Im Großen und Ganzen verläuft sie chronologisch, im ersten Buch nimmt Felix ab und zu kleinere Umstellungen einzelner Episoden vor, erläutert diese Eingriffe aber immer. Ebenso erlaubt er sich ab und zu Vorausdeutungen – nicht ohne dies sofort einzugestehen und seine Leserschaft um Entschuldigung zu bitten (wobei er eigentlich wohl eher Spannung und Leseanreiz erzeugen möchte).

Reihung einzelner Episoden

Auffällig ist das sich verändernde Verhältnis von Erzählzeit und erzählter Zeit. Das erste Buch umfasst ungefähr achtzehn Lebensjahre. Darin herrscht hauptsächlich der Erzählerbericht vor, die Zeit wird gerafft, nur wichtige Episoden werden geschildert. Das zweite Buch (ungefähr gleich lang) umfasst lediglich etwa anderthalb Jahre: Einzelne Episoden werden weiter ausgestaltet, der Dialoganteil nimmt zu. Im dritten Buch schließlich (so lang wie die ersten beiden Bücher zusammen, dabei aber nur ein halbes Jahr wiedergebend) überwiegt die szenische Darstellung. Direkte Rede in ausführlichen Dialogen sollen bei der Leserschaft das Gefühl der Unmittelbarkeit – und damit auch der vom Erzähler immer wieder beteuerten Authentizität – vermitteln. In allen drei Büchern finden sich dazu häufige Reflexionen und Kommentare des Ich-Erzählers Felix – über die Geschehnisse, über sich selbst, über das Schreiben.

Die Erzählsituation in dieser fiktiven Autobiografie scheint zu Beginn des ersten Buches geklärt: Felix Krull schaut von einem späteren Zeitpunkt (älter und „müde, sehr müde", 7) auf die zu erzählenden Ereignisse zurück. Dies impliziert bereits – wie in zahlreichen anderen Ich-Erzählungen –, dass es zwei Erzählebenen gibt, die des erzählenden und die des erlebenden Ich. Auf eine weitere Ausdifferenzierung wird noch einzugehen sein.

Zunächst wird im Einleitungsabschnitt deutlich, wie sehr der Erzähler Felix, also das erzählende Ich, seine Geschichte ganz seiner nicht eben bescheidenen Selbsteinschätzung gemäß zu formen gedenkt. Ein verräterischer Nebensatz drückt dies bereits aus: „da [...] ich also meinen Stoff vollkommen beherrsche" (ebd.). Etwaige Zweifel der Leserschaft, ob Felix seiner Aufgabe gewachsen ist, werden vorweggenommen und aufgehoben, indem der Erzähler sich von vornherein (von der schönen Handschrift über die Versicherung der Authentizität seiner Erlebnisse bis zur natürlichen Begabung in Ausdruck und Stil) als der begnadete Könner präsentiert, als den er sich in seiner gesamten Erzählung darstellt.

Im ersten Abschnitt zeigen sich allerdings auch schon ein paar Risse und Widersprüche in dieser Selbstpreisung. Er stamme aus „feinbürgerlichem, wenn auch liederlichem Hause" (ebd.), für die Erziehung der Kinder ist ein Fräulein aus dem feinen Schweizer Ort Vevey zuständig, das gleichzeitig aber ein Verhältnis mit dem Vater eingeht. Selbst der vielgerühmte Pate Schimmelpreester ist wohl gar kein Professor. Ähnliche, zum Teil komische Widersprüchlichkeiten zwischen Erzählen und Erzähltem, Form und Inhalt des Dargebotenen sind im gesamten Text zu finden.

Widersprüche zwischen Erzählen und Erzähltem

Schnell wird deutlich, dass die Grenzen zwischen den beiden Erzähler-Ebenen verwischt werden. Die Erfahrung, dass zwischen dem rückblickenden, in gewisser Weise abgeklärten erzählenden und dem noch mitten im Geschehen stehenden erlebenden Ich eine Spannung entsteht, wird abgelöst durch den Eindruck, dass das erlebende eigentlich zum erzählten Ich wird. Ein markantes Beispiel ist der Theaterbesuch und die anschließende Begegnung mit Müller-Rosé. Zwar gibt Felix vor, diese (wie auch die anderen Episoden) aus der Kinder- und Jugendperspektive zu erzählen, jedoch kann ein 14-Jähriger wohl kaum aus seinen Beobachtungen die differenzierten Reflexionen über Schein und Sein hervorbringen wie der jugendliche Felix in dieser Situation – obwohl er genau dies beteuert: „so etwa gingen damals meine Gedanken" (35). Im Rückblick formt und stilisiert der erzählende Felix also diese autobiografischen Erlebnisse zu der hochstaplerischen Selbstfeier, die er anstrebt. „Erzählen ist Dauerwerbung für den Helden", wie es im Kommentar zum Roman heißt (GKFA 12.2, 229).

Das erlebende Ich ist Illusion – überformt vom erzählenden Ich

An dieser Stelle ist die Position des Autors Thomas Mann mit einzubeziehen. Seine Intention, gemeint ist die parodistische Variation bekannter Themen und Erzählmuster, beeinflusst nicht unerheblich die Gestaltung der Erzählweise. Mittels einer Art anonymer Erzählerinstanz fügt der Autor allerlei erzählerische Hinweise für die reale Leserschaft ein, die eben diese parodistischen Bezüge (z. B. zu Goethes *Dichtung und Wahrheit*) erkennen und sich an der „vorgeführten hochironischen Hochstapelei" (Stein 1984, S. 91) erfreuen kann. Im Roman *Der Erwählte* (1951) nannte Thomas Mann die anonyme Erzählerinstanz mehrfach den „Geist der Erzählung" (T. M., *Der Erwählte*, 29. Aufl., Frankfurt a. M.: Fischer Taschenbuch Verlag, 2012, S. 8 [u.ö.]).

Eine anonyme Erzählerinstanz weist auf parodistische Züge hin

Für Felix ist der Erzähler eine weitere Rolle

Für den 40-jährigen Felix Krull als Erzähler ist seine Erzählung dagegen nichts weiter als die Erfüllung einer weiteren Rolle, nämlich der des Memoirenschreibers, und die möglichst glanzvolle Präsentation seiner Welt, die aus Täuschung und Schein besteht. Er ist dabei frei von jeglicher Selbstironie. Die ironischen Brechungen erwirkt der Autor durch jene Erzählerinstanz, die z. B. Felix' betont vornehme und schönfärberische Darstellung wiederholt stilistisch misslingen oder seine mythologischen Überhöhungen als Blendwerk aussehen lässt (vgl. 244, 279).

Er versichert sich des Wohlwollens seiner Leserschaft

Auffällig – aber aus Felix' Selbstbild erklärlich – sind die häufigen Anreden an sein fiktives bzw. impliziertes Lesepublikum, z. B. „Unbekannter Leser!" (52), „ernsthafter Leser" (123), „Mitfühlender Leser!" (262). Immer wieder muss er sich dessen Wohlwollens versichern, entschuldigt sich gleich zu Anfang für seine mangelnde Bildung und betont aber sofort, diesen Mangel durch seine natürliche Begabung ausgleichen zu können. Er verspricht „Mäßigung", „Ernst", „Moral und Schicklichkeit" (52) noch bei den heikelsten Themen. Seiner Leserschaft unterstellt Felix höhere Bildung und damit gerechtfertigte Erwartungen an einen ausgefeilten Stil. Er schmeichelt ihr, indem er sie absetzt von einem Durchschnittspublikum, das sich mit den üblichen Kriminalgeschichten zufrieden gibt (von denen seine Erinnerungen natürlich weit entfernt sind, vgl. 68 f.).

Formeln der Werbung um die Gunst des Publikums

Diese Formeln der Captatio Benevolentiae, des Schmeichelns und Bemühens um Wohlwollen, tauchen in Felix' Äußerungen immer wieder auf. Seine Orientierung an einem anspruchsvollen Publikum gestaltet er sogar so weit, dass er sich in eine Art Zwiegespräch mit diesem begibt und dabei dessen Gedanken und sogar Anreden und Forderungen an ihn, Felix, imaginiert: „Schwärmer und Gaffer! höre ich den Leser mir zurufen." (87) Was als Bescheidenheit und Demut daherkommt, ist im Grunde nur ein weiterer Ausdruck für Felix' übergroße Selbsteinschätzung.

Sprache und Stil

KURZINFO

Sprachliche Hochstapelei

- Felix schreibt angeblich für ein gebildetes Publikum und strebt eine möglichst elaborierte Sprache an.
- Wortwahl und Stil wirken allerdings oft übertrieben, affektiert, unpassend und erzeugen so Komik.
- Zahlreiche Euphemismen (beschönigende Ausdrucksweisen) verschleiern seine in der Realität fragwürdigen Einstellungen und Handlungen.
- Felix' bis zur Lächerlichkeit überzogener Stil parodiert nicht nur Goethes, sondern auch Thomas Manns Altersstil.

Gemäß seinem überdimensionalen Selbstbewusstsein und der Einschätzung seines Lesepublikums als bildungsbürgerlich (aus „den besten Häusern", 64) greift der Memoirenschreiber Felix von Anfang an zu einem überaus elaborierten, der Darstellung seines schillernden Lebens vermeintlich adäquaten Sprachstil. Diesen hat er nicht etwa in der Schule gelernt, sondern er ist ihm, dem Erwählten, quasi zugeflogen. Er glaubt, den literarischen Stil zu beherrschen, er möchte sich, wie er es einmal nennt, „formell und buchdeutsch" (277) ausdrücken.

Felix bemüht sich um eine elaborierte Sprache

Dafür greift er in seiner Sprache eigentlich permanent zu hoch: rein auf Effekte abzielende Wortwahl (z. B. „Zähre" statt „Träne", 377), barocke, verschnörkelte Ausdrucksweise (z. B. „Ich oblag dem Schlafe [...] fast im Übermaß", 81, statt „Ich schlief viel"), modisch französische oder englische Ausdrücke und Fremdwörter („Tournure", 65, „Quisquilien", 87, „Tailormade", 179), ausgedehnter, kaum zu überschauender Satzbau (vgl. den ersten Satz mit seinen zahlreichen Unter- und Nebenordnungen, 7) sind bezeichnende Merkmale. Ein besonders eindrückliches Beispiel ist Felix' Beschreibung vom Tod seines Vaters am Ende des ersten Buches:

Er zielt auf Effekte

> „Und während das Mädchen zum Arzte lief, meine Schwester Olympia noch immer kreischend das Haus durchstörte, und meine Mutter sich nicht aus dem Eßzimmer hervorzukommen getraute, stand ich, mit der Hand meine Augen bedeckend, an der erkaltenden Hülle meines Erzeugers und entrichtete ihm reichlich den Zoll der Tränen." (62)

Der überzogene Stil wirkt lächerlich

Die Stelle macht ein weiteres Merkmal seines Stils deutlich: Die Ausdrucksweise ist dermaßen verstiegen, dass das Pathos für das reale Publikum lächerlich wirkt. Eine solche Diskrepanz zwischen der eigentlichen Aussage und der selbstgefälligen, aber ‚schiefen' Darstellungsweise ist in Felix' Sprache häufig zu finden. Eine archaisierende Wortwahl (z. B. die „Meinen", 13), die ständige Nutzung des Dativ-e (z. B. „zu Bette", 20) oder der alten Präteritumform „ward" statt „wurde", Superlative (z. B. „heiterste[r] Beifall", 22), Übertreibungen im sprachlichen wie bildlichen Bereich (z. B. „Unholde der Lächerlichkeit", „Mönche der Ungereimtheit" usw., 198, für die Clowns) – all dies macht Felix zu dem sprachlichen Schönredner, der seiner hochstaplerischen Existenz entspricht und der dadurch gleichzeitig ironisch demaskiert wird.

Lange fremdsprachliche Reden sollen beeindrucken

In diesem Zusammenhang sind auch die längeren fremdsprachlichen Passagen zu sehen, die auf den realen Leser eher verwunderlich oder – aufgrund ihrer manchmal inhaltlichen Flachheit, aber immer sprachlichen Blumigkeit und Künstlichkeit – belustigend wirken. Auch hier geht es letzten Endes darum, dass der Erzähler Felix sowohl seine jeweiligen Gegenüber beeindrucken, ja sprachlich, mimisch und gestisch fast ‚überrumpeln' will als auch vor allem seiner fiktiven Leserschaft einen weiteren Beweis seiner Außergewöhnlichkeit und seiner Erwähltheit zu liefern sucht. Da erlaubt er sich sogar, freimütig einzugestehen, dass diese ihm zugeflogene ‚Sprachgewandtheit' – wie z. B. im Falle seiner Begegnung mit Direktor Stürzli – reine, auf den größtmöglichen Effekt ausgerichtete Schauspielerei ist (vgl. 154–156).

Häufige Verwendung von Beschönigungen

Felix betont des Öfteren, auf „Takt und Anstand" (7) seines Ausdrucks achten zu wollen (und aufgrund seiner natürlichen Begabung auch zu können) – dies erwarte das von ihm imaginierte ‚anständige', gebildete Publikum. Die Folge davon ist, dass in seinen Ausführungen gehäuft das Stilmittel des Euphemismus vorkommt, die verhüllende, beschönigende Darstellung einer an sich anstößigen oder unangenehmen Tatsache. Die außereheliche Affäre des Kindermädchens mit dem Vater wird so zu einem „Verhältnis weiblicher Rivalität zwischen ihr und meiner Mutter – und zwar in Beziehung auf meinen Vater" (ebd.). Bordelle sind „gefriedete[...] Häuser[...]" (115), Prostituierte u. a. „Venuspriesterinnen" (ebd.), ihre Zuhälter gewähren ihnen „einen gewissen ritterlichen Schutz" (118).

Noch deutlicher wird dieses Stilmerkmal, wenn es Felix um Beschreibungen seiner eigenen Handlungen geht. Als er beispielsweise selbst zu Rozsas Zuhälter wird, lässt er sich „eine mäßige Teilhaberschaft an dem Gewinne nicht mißfallen" (124). Und seinen Diebstahl der Juwelen Madame Houpflés beim Grenzübertritt nach Frankreich stellt er wahrlich artistisch dar: Das Juwelenkästchen gleitet unversehens mit in sein Köfferchen (vgl. 130), „mehr ein Geschehen als ein Tun, und es geschah ganz unterderhand, nebenbei und heiter mit unterlaufend" (ebd.). Hier geht es nicht nur um Schönfärberei, sondern um Verschleierung einer Straftat. Entsprechend spiegelt dies nicht nur Felix' Bemühen um polierten Sprachgebrauch, sondern auch die Abwesenheit jeglicher Schuldgefühle angesichts seiner fragwürdigen, teils kriminellen Handlungen.

Felix beschönigt auch seine kriminellen Handlungen

Wie bereits erwähnt, wird Thomas Manns Roman oft als Parodie auf Goethes *Dichtung und Wahrheit* gesehen; der Autor selbst hat dies mehrfach bestätigt. So äußert er sein anfängliches Vergnügen an dieser Art der Anknüpfung an Goethes berühmtes Werk z. B. im Vortrag „On Myself" (1940). Dort offenbart er, dass ihn stilistisch das zuvor noch nicht ausprobierte Autobiografische gereizt habe und hebt hervor: „ein phantastischer geistiger Reiz ging aus von der Gelegenheit, die großen Autobiographien des 18. Jahrhunderts, einschließlich Goethe's ‚Dichtung und Wahrheit' zu *parodieren*." (AS, 70; Hervorhebung im Original) Im Anschluss bekennt Thomas Mann aber auch die Schwierigkeit, die er mit diesem „heikelste[n] Balance-Kunststück" (ebd.) hatte, und führt dies sogar als Erklärung dafür an, dass er die Arbeit an *Felix Krull* so lange unterbrochen hat.

Thomas Mann bekennt Schwierigkeiten mit dem parodistischen Stil

Nachvollziehbar erscheint dies, wenn man davon ausgeht, dass Thomas Mann den „Hochstaplerstil" umsetzen will, also sein eigenes Schreiben in gewisser Weise verfehlen muss, wie die Kommentatoren der Frankfurter

Ausgabe des Romans erläutern (vgl. GFKA, 28). Allerdings ist auch unverkennbar, dass der Autor am Ende den eigenen, überaus detailreichen, syntaktisch komplexen, manchmal ausufernden Stil seiner anderen, vor allem späteren Werke parodiert:

> „Manchmal scheint es, als ob Thomas Mann nicht nur die Sprache des alten Goethe kolportierte, sondern im zweiten Teil der „Bekenntnisse" auch seinen eigenen Altersstil, dessen Vorliebe für barocke Schnörkel ja sprichwörtlich ist. Felix Krulls sichtliche Freude am gefeilten Ausdruck und sein Sinn für das Besondere wäre dann eine Art Selbstironie Thomas Manns. Sie entspräche ganz seinem Verständnis von Ironie als eines Weges der Erkenntnis und der Vergewisserung."
> (Stein 1984, S. 90)

Bilder und Motive

KURZINFO

Schillernde Vielfalt von Assoziationen

- Das dominierende Motiv ist das des Theaters mit dem gesamten Bildbereich von Schauspiel, Rollentausch, Täuschung, Verkleidung usw.
- Die Vergänglichkeit wird v. a. im Motiv des Liedes „Freut euch des Lebens" verbildlicht.
- Mit zahlreichen Ausdrücken betont Felix sein Selbstbild des Auserwähltseins.
- Durch Anspielungen auf Androgynität und Doppelwesen wird ein menschliches Idealbild hervorgerufen.
- Eine Vielfalt ‚sprechender' Namen sorgt für ironische Effekte.
- Reisen und Ortswechsel entsprechen Felix' Wesen.

Bühne

Umfassender Bild- und Motivbereich des Theaters

In zahlreichen Facetten spiegelt sich der Bildbereich des Theaters (Bühne, Varieté, Oper, Operette, Konzert, Zirkus, Stierkampf, aber auch Schein, Oberfläche, Kosmetik, Maske, Larve, Zauberei, trügerische Erscheinungsformen der Natur, Kulissen und Dermoplastiken im Museum, die Eingangshalle des Hotels, der „Schauplatz" [21] der Kur- und Badeorte). Daneben finden sich im Roman etliche Bilder und Motive vom „Schauspiel" im Leben und in der Natur, wie z. B. Nachahmung, Kleidung als Kostüm, Schönheit, (Rollen-)Tausch, Täuschung, Blendung, Auge als Organ der Wahrnehmung („Juwel aller organischen Bildung", 89), das auch getäuscht werden kann. Täuschung geschieht also im Leben wie in der Natur, so Professor Kuckuck:

> „Immer, wenn die Natur uns gaukelnd im Unorganischen das Organische vortäusche, wie in den Schwefel-, den Eisblumen, wolle sie uns lehren, daß sie nur eines ist." (285)

Vergänglichkeit

Ein musikalisches Leitmotiv klingt im wahrsten Sinne des Wortes durch Felix' Kindheit: Immer wenn die Haustür sich öffnet, ertönt eine Art Glockenspiel mit dem Beginn der Melodie des Liedes „Freut euch des Lebens" (vgl. 11). Als das Inventar des Hauses versteigert wird, bleibt „die kleine Vorrichtung" (61) und lässt weiter den Anfang dieses Liedes erklingen. Trotz bzw. gerade wegen der Insolvenz wird zur Lebensbejahung aufgerufen.

Als Professor Kuckuck seine kosmologische Theorie ausführt und – innerhalb der kosmischen zeitlichen Erstreckung gedacht – auf das irdische Leben als flüchtige „Episode" (277) hinweist, kann Felix zwar der abstrakten Begrifflichkeit nicht folgen. Aber an passender Stelle flicht er seine Erinnerung an das Liedchen ein, das er hier nun mit der wichtigen Fortsetzung zitiert: „Freut euch des Lebens, weil noch das Lämpchen glüht" (ebd.). Mit diesem im 19. Jahrhundert sehr bekannten Lied (im Kommentar zum Roman heißt es: „Der Refrain war ein verbreiteter Slogan der Gründerzeit", GKFA 12.2, 255) werden die Endlichkeit des Lebens, aber auch das Bedürfnis nach Schein und Illusion intoniert.

Motiv der Vergänglichkeit spiegelt sich in einem Lied

Auserwähltheit/-sein

Felix wird immer wieder als „Sonntagskind" (13), „Vorzugskind des Himmels" (ebd.), als „Wunderkind" (23) und weit über dem durchschnittlichen Menschentypus, über der „Grobheit" (113) und „Gewöhnlichkeit" (117) stehend, bis hin zur Vergöttlichung in der Gestalt des Hermes beschrieben. Das wiederholte Motiv des Schlafes unterstreicht die Annahme, dass jenseits rationalen Bewusstseins Felix von unbewussten, göttlichen, jedenfalls nicht gemeinmenschlichen Stimmen beeinflusst wird. Er muss sich nicht anstrengen, so erfreut er sich z. B. auch der „privaten und außerberuflichen Gunst" (ebd.) von Prostituierten.

Felix sieht sich als etwas Besonderes, nahezu Göttliches

Attribute des
Vollkommenen

Das entspricht seinem Selbstbild vom Auserwähltsein. Er folgt seiner sonnigen Vorbestimmung (vgl. 13) und Verheißung. Dies wird unterstrichen z. B. durch die Motive der körperlichen Schönheit, der schnellen Auffassungsgabe, der Sprachbegabung und der Wandlungsfähigkeit. Felix' Verachtung der Angehörigen sogenannter niederer Schichten ist überdeutlich. Im Zug, in der dritten Klasse sitzend, missfällt ihm der „Anblick menschlichen Kroppzeugs" (126). Zu seinem Selbstbild passt auch das Motiv der Einsamkeit, das Felix als Auszeichnung versteht. Seine intensive erotische Ausstrahlung verdankt er seiner harmonischen Gestalt mit androgynen Elementen.

Androgynität/Dopplung

Androgynität
als Ideal

Androgynität, das gleichzeitige Vorhandensein von Merkmalen der männlichen und weiblichen Körpergestalt und/oder seelischen Natur, ist seit der Antike ein Faszinosum. Verkörpert in der antiken Mythologie durch Hermaphroditos sowie als Bestandteil philosophischen Nachdenkens, z. B. bei Platon, über den Ursprung des Menschen (als Ganzheit) und dessen Trennung in Mann und Frau gilt der androgyne Mensch als Ideal, als vollkommene Vereinigung und Aufhebung der Gespaltenheit. Felix selbst trägt androgyne Züge, changiert zwischen den Geschlechtern, ist für Männer und Frauen gleich attraktiv. So ist er z. B. für die Freier in Frankfurt „etwas Wunderbares dazwischen" (115). Der Hoteldirektor Stürzli gerät bei seinem Anblick in große Verwirrung, der schottische Lord Kilmarnock will ihn ganz bei sich haben. Madame Houplé nennt ihn u. a. „Mignon" (frz. „Liebling"; vgl. 182). Der Name ist aus Goethes Roman *Wilhelm Meisters Lehrjahre* übernommen und bezeichnet dort ein knabenhaftes, erotisch anziehendes Mädchen.

Attraktivität
der Dopplung
für Felix

Im erotischen Bereich also „doppelt" zu sein zeichnet auch Felix aus. Das Motiv der Dopplung durchzieht den gesamten Roman und spiegelt sich in den unterschiedlichsten Zweierformationen: in Krulls Begeisterung für Geschwister, seiner Liebe zu Mutter und Tochter Kuckuck, in der mythologischen Dimension des Textes (Hermes, Andromache).

Aber auch in einigen Naturphänomenen, die Felix während seines Aufenthaltes in Lissabon kennenlernt, wiederholen sich Motive des Hermaphroditentums. So wird am Beispiel der Besonderheit der Farnbäume auf den frühen evolutionären Status der Androgynität hingewiesen. Hurtado beschreibt die Fortpflanzung dieser Urzeitgewächse, von denen bereits Professor Kuckuck während der Zugfahrt mit Felix gesprochen hatte (vgl. 272). Hurtado betont, dass deren große Blätter „die Behälter ihres Sporenstaubes" (329) tragen. Dem Kommentar zum Roman zufolge ging Thomas Mann davon aus, dass der aus den Sporen der Farne hervorgehende Vorkeim männliche und weibliche Geschlechtsorgane trägt (vgl. GKFA 12.2, 531). In einem einzigen Geschöpf wie diesem Farn zeigt sich also auch das Ideal der Androgynität.

Das Motiv der Dopplung findet sich auch in Naturphänomenen

Hurtado führt auch an, dass „der Glaube primitiver Menschen seit Urzeiten" den Farngewächsen eine geheime Macht und die Kraft zum „Liebeszauber" (ebd.) zuschreibe. Felix greift dies im Gespräch mit der abwehrend reagierenden Zouzou auf, indem er die den Mythos bewahrenden und den Liebeszauber betreibenden Menschen Farnmenschen (vgl. ebd.) nennt. Diese gebe es auch in der Gegenwart, „da auf Erden immer alles gleichzeitig und nebeneinander versammelt sei" (ebd.). Übrigens wird hier wieder deutlich, dass Felix – für ihn passend zur Situation – mit seinen Äußerungen gegenüber Zouzou die Auffassung Professor Kuckucks wiedergibt (vgl. 286). Insgeheim ist er ja doch der Meinung, die Entwicklung laufe einzig auf die Krone der Schöpfung, den Menschen wie ihn, zu.

Der Mensch als Ziel der Evolution

Die geschlechtliche Ungetrenntheit des Farns entspricht in gewisser Weise auch Felix' Faszination für entgegengeschlechtliche Geschwister, die auf dieser Ebene für ihn eine Einheit bilden. Jede einzelne Person eines solchen Paares, sei es der Junge oder das Mädchen, ist für ihn unvollständig. So beobachtet er, vor dem Hotel „Frankfurter Hof" stehend, sehnsuchtsvoll die ‚Ganzheit' eines Geschwisterpaares. Er beschreibt seine Reaktion auf den Anblick der Geschwister, die sich auf einem Balkon des Hotels aufhalten:

> „Ausdrücklich merkte ich an, daß dieses Entzücken mir von keiner der beiden Figuren für sich, weder von ihm noch von ihr allein hätte erregt werden können, sondern daß ihre Zweiheit, ihr holdes Geschwistertum es war, was es mir so antat." (298)

Ablehnung der Festlegung durch Kategorien

Ein Wesen ist also für Felix unvollkommen, das sich nur einer einzigen Kategorie, wie z. B. männlich oder weiblich, zuordnen lässt. Im Naturkundemuseum betrachtet er das Modell eines Meeressauriers, auch eines urzeitlichen Wesens, das „zwischen den Gattungen" (314) schwebt, ein Geschöpf, das scheinbar gegensätzliche Elemente eines Reptils, eines Fisches und eines Delphins, also eines Säugetieres, aufweist (vgl. ebd.).

Die Festlegung durch eine Kategorie lehnt Felix ja auch für sich ab, er selbst schillert zwischen den Geschlechtern und Rollen, ist mal Dieb, mal Adliger; hier zeigt sich erneut die Abscheu vor einer Festlegung seiner Identität.

Namen

Namen spiegeln Eigenschaften und damit für Felix auch verschiedene Identitäten

Die mehrfache Namensänderung von Felix markiert jeweils eine neue Rolle. Geboren als Felix Krull wird er durch seinen Vornamen (lat. „der Glückliche") in seinem Ausnahmestatus als Sonntagskind bestärkt. Oft wirkt die Zusammensetzung der Namen im Roman parodistisch, wie im Fall des Protagonisten in der Kombination von lateinischem Vornamen und eher gewöhnlichem Nachnamen.

In Felix' mehrfachen Namenswechseln drückt sich sein Spiel mit Identitäten aus. Er schlüpft als Kind in die Rolle eines Prinzen namens Karl (vgl. 14). In Paris wird er zu Armand und durch den stereotypen Namen eines Liftboys entindividualisiert, um dann, ausgestattet mit dem adligen Namen eines Marquis, eine völlig andere Existenz vorspielen zu können. Sein amtlicher Name erscheint ihm „wie ein abgetragenes und verschwitztes Kleidungsstück" (58), dessen Wechsel nötig ist.

Gleichwohl sieht er zumindest in seinem ursprünglichen Vornamen seinen eigentlichen Namen („den mir wahrhaft zukömmlichen", 296), da sich in ihm das Glück der „Empfänglichkeit" und der „Lebensfreude" (ebd.) spiegelt.

Felix wurde nach seinem Paten Schimmelpreester benannt, der aber dem Namen kritisch gegenübersteht. Für Felix allerdings entspricht er genau dem Bild, das er von sich selbst hat.

Komisch wirkt dagegen der Name der Schwester, Olympia Krull, die nach ihrer geplanten Heirat Olympia Übel heißen würde. Auch hier wird ein bildungslastiger, der griechischen Mythologie entnommener Name („die aus dem Olymp Stammende, die Himmlische") mit dem aus einer weitaus niedrigeren Sphäre stammenden Familiennamen ihres zukünftigen Ehemanns verknüpft. Der Namensträger ist zudem „ein kränklicher, lebensunkundiger Mann" (56). Dennoch ist Felix an dieser Stelle auf seine Schwester neidisch, im Grunde genommen auf Frauen im Allgemeinen, da sie durch Heirat zumindest einmal im Leben ihren Namen ändern und so (scheinbar) dem Überdruss einer Festlegung ihrer Existenz entgehen können.

Komik mancher Namensgebungen

Namen bedeuten für Felix Festlegungen

Der Name der Schwester gehört zu einer Reihe von antithetischen Doppelnamen wie Müller-Rosé (das Gewöhnliche mit dem künstlichen Schein, der rosigen Gesichtsfarbe kombinierend), Diane Houpflé-Philibert und Maria Pia Kuckuck-da Cruz. Der Nachname Houpflé zieht den Namen Diane, der der Bezeichnung der jungfräulichen antiken Jagdgöttin Diana entspringt, in die ‚niedere' Klasse eines Klosettschüsselfabrikanten. Der Mädchenname der katholischen Portugiesin (wörtl.: „Fromme Maria vom Kreuz") wird durch die Hinzufügung des mehrdeutigen Namens ihres Ehemannes ironisch relativiert. Hier spiegelt sich bereits der ihrem strengen Glauben eigentlich zuwiderlaufende Ehebruch, den sie mit Felix begehen wird. Die mit dem mythologischen Namen Andromache ausgestattete Künstlerin der Lüfte bleibt völlig ohne Nachnamen, sie ist bereits der allzu irdischen Sphäre entschwebt.

Antithetische Doppelnamen sind entlarvend

Felix' Pate Schimmelpreester hadert mit seiner Namenskombination. Er heißt zwar auch Felix, sieht sich aber nicht als glücklichen Menschen und betont selbst den Gegensatz von Vor- und Nachnamen. Er bezieht sich – lange vor den Ausführungen von Professor Kuckuck – auf das Phänomen des Werdens und Vergehens: Die Natur

Für Schimmelpreester spiegelt der Eigenname die ihm gemäße Lebensauffassung

„ist nichts als Fäulnis und Schimmel, darum bin ich zu ihrem Priester bestellt [...]. Warum ich aber Felix heiße, das weiß Gott allein." (24)

Die Motive der Dopplung und der Vertauschbarkeit zeigen sich in Felix' Spiel mit den Verwechslungen der Namen Zouzou und Zaza. Trotz der Unterschiede zwischen den beiden Frauen fragt er sich, ob er in der einen die andere sehen will, weil er „nach einer Doppelgängerin Zazas auf der Suche war" (299) – auch darin spiegelt sich wieder die Uneindeutigkeit und Wechselhaftigkeit seiner Persönlichkeit.

Der Name Kuckuck ist schillernd in seinen Assoziationen

Ein Name fällt besonders auf: Professor Kuckuck – und so glaubt auch Felix beim ersten Hören dieses Namens, dass der sich so Vorstellende nicht ganz bei Trost sei. Im Kommentar zum Roman wird darauf verwiesen, dass der Name vermutlich von einem Biologen namens Moritz Kuckuck stamme, der 1907 ein Buch mit dem Titel *Die Lösung des Problems der Urzeugung* veröffentlich habe (vgl. GKFA 12.2, 533). Auch spiele Thomas Mann hier mit einem Tarnnamen für den Teufel, wie er sich heute noch in der Redensart „Zum Kuckuck" zeige (vgl. ebd., 553). Ebenso sei der griechische Göttervater Zeus einst in Gestalt eines Kuckuck erschienen (vgl. ebd., 615). Insgesamt sind die Namensgebungen im Roman ein Beispiel, wie Thomas Mann Komik, Anspielungsreichtum und Mehrdeutigkeit bündelt, sei es durch Widersprüche, durch Lautmalerei (Houpflé), annähernden Gleichklang (Zouzou/Zaza) oder Unerwartetes.

„Reiselust" (271)

Felix' Identitätswechseln entspricht sein häufiger Wechsel der Orte

Felix reist – vom Rheingau über Frankfurt nach Paris und Lissabon. Geplant war noch die Überfahrt nach Südamerika. Wieder deutet sich eine Anspielung auf den antiken Gott Hermes an, der u. a. auch ein Gott der Reisenden ist. So wie Felix seine Namen, seine Rollen, seine Identitäten wechselt, so kann er nicht an einem Ort bleiben, denn dies wäre für ihn ein Zuviel an Festlegung. Als Lord Kilmarnock ihn auf seinen Landsitz nach Schottland holen möchte, lehnt Felix ab – „zugunsten des freien Traumes und Spieles, selbstgeschaffen und von eigenen Gnaden" (229). Das mondäne Paris, Zentrum von Kunst und

Dandytum, ist die ideale Kulisse für einen Hochstapler, der sein überzeugendes Auftreten bereits als Kind in einem heimischen, im kleineren Maße ebenfalls mondänen Kurort geübt hat. Lissabon als Ausgangsort von Entdeckungsreisen bietet den Hintergrund für die Darstellung der Reisen durch die Erdzeitalter.

Aber auch das Reisen selbst ist der ansonsten schwer zu fassenden Natur von Felix gemäß. Er genießt die luxuriöse Zugfahrt erster Klasse nach Lissabon und dort besonders das Unterwegssein, das er mit der Übernahme einer neuen Rolle koppelt: „Sanft und träumerisch war meine Seele davon bewegt [...] die Veränderung und Erneuerung meines abgetragenen Ich" (267). Die Ortsveränderung geht für Felix einher mit einer Art Gedächtnisleere, die die Basis für die neue ‚Existenz' als Venosta bildet. An jedem Ort kann sich Felix anpassen: „Wie ihm alles steht, wird ihm alles zur Heimat. Wenn er reist, fährt er immer zu sich." (GKFA 12.2, 321)

Genuss des Reisens entspricht Felix' Wunsch nach ständiger Veränderung

③ Schnellcheck

Übersicht 1: Felix Krulls Karriere als Hochstapler

Übersicht 2: Die Figurenkonstellation

Übersicht 3: Die Welt als Bühne

Übersicht 4: Tradition und Variation der Erzählmuster

Übersicht 5: Die Erzählstruktur des Romans

Übersicht 1: Felix Krulls Karriere als Hochstapler

Erstes Buch: Grundlagen

- Als Kind und Jugendlicher Liebe zu Kostümierungen und Rollenspielen
- Bestätigung seines Selbstbildes als Glückskind und Auserwählter
- Erkenntnis der Wirkung von Täuschung und Illusion

Zweites Buch: Entwicklungen

- In Frankfurt Eindrücke vom Reichtum der oberen Gesellschaftschichten; Liebesschule bei Rozsa
- Ausmusterung beim Militär nach perfekter Vortäuschung eines epileptischen Anfalls
- In Paris Arbeit als Liftboy im Hotel; finanzielle Konsolidierung mithilfe von Madame Houpflé

Drittes Buch: Erfolge

- Aufstieg im Hotel vom Liftboy zum Kellner; Attraktivität für Männer und Frauen
- Doppelexistenz: Hotelangestellter und feiner junger Herr dank des Diebesguts
- Erneuter Aufstieg durch Rollentausch mit dem Marquis de Venosta; Aufbruch zur Weltreise
- In Lissabon: enge Beziehung zur Familie Kuckuck
- Gesellschaftliche Erfolge bis hin zur königlichen Audienz
- Eroberung der Senhora Maria Pia Kuckuck

Übersicht 2: Die Figurenkonstellation

Die Familie

- Lebensfroher, genussfreudiger Vater als Vorbild für Felix
- Mutter und Schwester für Felix langweilig

Die Künstlerfiguren

- Schimmelpreester: formt Felix' Bild vom Künstler
- Müller-Rosé: zeigt Bedeutung der Illusion für Künstler und Publikum
- Rozsa: ‚schult' Felix in der körperlichen Liebe
- Andromache: für Felix ein Spiegel seiner selbst

Felix Krull

- Glückskind, Auserwählter
- Narzisst
- Attraktiv, begehrenswert für Männer und Frauen
- Täuschungskünstler, Rollenspieler, Hochstapler

Die Menschen im Hotel

- Die Angestellten: fasziniert von Felix
- Eleanor Twentyman und Lord Kilmarnock verlieben sich in Felix, bedeuten aber Ablenkung von seinem Lebensweg
- Madame Houpflé: Gewinnsituation, sowohl finanziell als auch ideell
- Marquis de Venosta: Rollentausch begründet Höhepunkt in Felix' Karriere

Familie Kuckuck

- Professor Kuckuck: erweitert Felix' Horizont durch seine Ausführungen
- Mutter und Tochter Kuckuck: faszinieren Felix als ‚Doppelbild', durch Ungleichheit und Ergänzung

Übersicht 3: Die Welt als Bühne

Der Hauptdarsteller

Felix als Blender: Verkörperung verschiedener Rollen, die die jeweiligen Bedürfnisse des Publikums erfüllen und sein Selbstbild beständig steigern

Bühne und Arena

- Illusionstheater und Kultstätte
- Schein siegt über Sein
- Erfüllung von Träumen, Idealen, mythischen Urbildern

Die Hotelgesellschaft

- Hotel als Gegenwelt zur bürgerlichen Existenz
- Bunt gemischtes Publikum
- Bühne für Auftritte, zum Ausprobieren verschiedener Rollen

Der Kosmos

- Welt als Theaterstück: Alles Sein ist episodisch, vergänglich
- Mannigfaltige Erscheinungsformen
- Orientierung am Ästhetischen, nicht an Sinn oder Ziel

Übersicht 4: Tradition und Variation der Erzählmuster

Erzähl-traditionen	Charakteristische Aspekte	Abweichungen in *Felix Krull*
Bekenntnisse, z. B. *Confessiones* des Augustinus	• Darstellung eines wechselvollen Lebensweges in Ich-Form; • Eingeständnis persönlicher Schuld; • Bereitschaft zur Sühne	• Keine Beichte, kein Schuldbewusstsein; • Bejahung des Lebens, wie es geführt wurde
Autobiografie, hier: Goethes *Dichtung und Wahrheit*	• Darstellung einer persönlichen, z. T. bearbeiteten und überhöhten Wahrheit; • Fokussierung auf die eigene Persönlichkeitsbeschreibung; • bei Goethe zahlreiche Motive wie etwa Schlaf, Sprachbegabung, Freude an Verkleidungen, am Theater; detaillierte Beschreibungen, Reflexionen	• Abwandlung der Motive bei Goethe abhängig von Felix Krulls Selbstbild, z. B.: Theater ist keine Stätte der Bildung, sondern der Täuschungen und der Illusion; • parodistische Nachahmung des Stils und der Sprachmuster der Goethe-Zeit → Unangemessenheit, Überzogenheit, unfreiwillige Komik
Bildungs- und Entwicklungsroman, z. B. Goethes *Wilhelm Meisters Lehrjahre*	• Darstellung der inneren und äußeren Persönlichkeitsentfaltung in Wechselbeziehung mit der Gesellschaft, geschildert als Lernprozess; • Reifung zu einer ausgeprägten Persönlichkeit im Einklang mit der Gesellschaft	• Parodie auf die Entwicklung eines klassischen Bildungsideals; • Persönlichkeitsentfaltung als Hochstapelei; • Entwicklung besteht lediglich in der Perfektionierung des Potenzials zur Täuschung
Schelmenroman, z. B. Grimmelshausens *Simplicissimus*	• Lebenserzählung eines Außenseiters von niedrigem Rang in Ich-Form • Bestehen zahlreicher Abenteuer mit List und teils kriminellen Aktionen; • Entlarvung trügerischer Verhaltensweisen und falscher Moral; • Leiden an Heimat- und Beziehungslosigkeit; • Fähigkeit zur Läuterung	• Felix Krull empfindet keinerlei Leid, sondern bleibt unverändert in seiner Selbstliebe; • Anpassung ist für ihn kein lebensnotwendiger Zwang, sondern Genuss; • er liebt die Übernahme der Rollen, die sich ihm bieten; • Kritikwürdiges in der Gesellschaft sieht er, nutzt es aber für seine eigenen Zwecke

Übersicht 5: Die Erzählstruktur des Romans

Autobiografische Elemente	Kenntnis literarischer Traditionen	Auseinandersetzung mit philosophischen, psychologischen und mythologischen Themen

Autor Thomas Mann:
anonyme Erzählerinstanz, die die Wirkung des Erzählten steuert

> **Fiktive Autobiografie**
> („Bekenntnisse", „Memoiren"):
> Ich-Erzähler Felix Krull

Realer Leser: erkennt die parodistischen Bezüge und ironischen Brechungen

Kenntnis literarischer Traditionen	Kenntnis der Werke Thomas Manns

Fiktive Autobiografie („Bekenntnisse", „Memoiren"):
Ich-Erzähler Felix Krull

Erzählendes Ich:
- schaut auf die Ereignisse zurück
- wählt Anzahl, Inhalt und Darstellungsweise der Episoden aus

Erlebendes Ich:
- durch szenische Darstellung geschaffene Illusion einer unmittelbar erlebenden Person
- überformte und stilisierte Charakterisierung dieser Person („erzähltes Ich")

Fiktiver (vom Ich-Erzähler imaginierter) Leser:
- gebildet, anspruchsvoll
- schmeichelnde Ansprache durch den Erzähler und Bitte um Wohlwollen

4 Prüfungsaufgaben und Lösungen

1. Alles Theater

2. Nach der Schreibpause

3. Eine neue Rolle

4. Goethes Spuren

5. Felix revisited

6. Leben im Jetzt

1. Alles Theater

Textgrundlage

Bekenntnisse des Hochstaplers Felix Krull, Buch I, Kap. 5, S. 28 („Man spielte ein Stück") – S. 29 unten („aus dem feinsten Wachs gebildet erschien") sowie S. 35 („dies verschmierte und aussätzige Individuum [...] zu glühen befähigt sind?)

Aufgabenstellung

1.1 Fassen Sie den Textauszug unter Einbeziehung des Romanzusammenhangs zusammen und analysieren Sie ihn in inhaltlicher wie sprachlicher Hinsicht.

1.2 Erläutern Sie anhand der zweiten Textstelle auf S. 35, welche Perspektive Felix nun auf Müller-Rosé hat. Legen Sie im Kontext der *Bekenntnisse* dar, welche Funktion dieser Sichtwechsel hat.

Lösungsvorschlag

Zu 1.1

Im Romanauszug S. 28 f. schildert Felix Krull den Eindruck, den er von einem professionellen Schauspieler namens Müller-Rosé hat. Die Episode stellt Felix' ersten Theaterbesuch dar. In seinen Kindheitstagen bewies er bereits eine Neigung zum spielerischen Verkleiden. Theaterräume, Bühnen aller Art prägen hinfort seine Existenzweise. Er spielt Rollen bis hin zum Auftritt als Adliger vor dem portugiesischen König. Bezüglich seiner Identität legt er sich nicht fest, das Nicht-Identische ist sein Programm.

Felix wohnt in Wiesbaden der Aufführung einer Operette bei. Die Hauptperson, ein leichtlebiger Mensch, wird von dem populären Sänger Müller-Rosé dargestellt. Der junge Felix, zu diesem Zeitpunkt vierzehn Jahre alt, ist fasziniert von dem Auftreten des Sängers, von dessen eleganter, makelloser Kleidung eines Pariser Bonvivants und von dessen überirdisch schönem Gesicht. Dieser Theaterbesuch prägt „ewig" (29) Felix' Grundverständnis von der Kunst der Illusion. Zu den entscheidenden Empfindungen, die der Vierzigjährige aus der Retrospektive aufzeichnet, gehört die Blendung, die Täuschung durch den „Glanz" (ebd.) des Sängers. Doch es zeigt sich bereits ein Hinweis auf eine „Enttäuschung". Felix vergleicht sich zum Zeitpunkt des Niederlegens seiner „Bekenntnisse" mit Müller-Rosé: „Es ist anzunehmen, daß er jetzt alt und abgenutzt ist, gleich mir selbst." (Ebd.)

Aus der Retrospektive schreibend erweckt Felix jedoch den Eindruck, nun von einer höheren Bildungswarte das Geschehen zu bewerten. Die Gattung der Operette wird von ihm abgewertet („von bescheidenem Genre", 28), die Wirkung, die der Sänger auf den jugendlichen Felix hat, mit einem para-religiösen Wortschatz charakterisiert (z. B. „ewig", „nicht von dieser Welt", „mit idealistischen Glanzlichtern versehen", 29). Selbst der Zylinder wird überhöht, Felix sieht ihn als „Traum- und Musterbild seiner Art" (ebd.). Insgesamt erscheint Müller-Rosé als ein höheres Wesen. Gleichzeitig wird durch einige sprachliche Elemente der scheinbar erhabene Eindruck ironisiert, wie z. B.: „Die Handlung begab sich zu Paris" (28) – hier klingt eine biblische Formulierung an. Auch der gestelzte Ausdruck „zur Darstellung gebracht", die Alliteration „Schwerenöter und Schürzenjäger" sowie die Verstärkung „einem überaus beliebten Sänger" (alle 29) ironisieren den Bühnenkünstler, das Publikum und die Gefühle des jungen Felix bei seinem ersten Theaterbesuch.

Zu 1.2

Als Felix Müller-Rosé nach der Aufführung in dessen Garderobe hinter der Bühne besuchen darf, ekelt ihn vor dem halb abgeschminkten Bühnenkünstler. Der Schrecken über die Entdeckung (verdeutlicht etwa durch die Ausrufezeichen, vgl. S. 35), dass der zuvor angebetete Müller-Rosé eine völlig gegenteilige Wirkung bei ihm erzielt, führt Felix zur Reflexion über Schein und Sein, Täuschung und Betrug. Adjektive wie „verschmiert", „aussätzig", „unappetitlich", „eklig" unterstreichen die Enttäuschung über den schnellen Wandel. Müller-Rosé wird nun seines Namens beraubt, er ist nur noch ein „Individuum", ein „Erdenwurm" und gehört als Wurm, als „Weichtierchen" zur Gattung niederer Lebewesen. Aber genau wie ein Würmchen nachts zu glühen beginnt, so konnte auch Müller-Rosé zum „Herzensdieb" (35) werden.

Doch nicht nur Felix ist betrogen, sondern auch das Publikum, das zuvor die Illusion seines Traumes von der „Vollkommenheit" erleben durfte. Die große Zahl von Zuschauern und deren Alltäglichkeit und Dumpfheit kommt in der Beschreibung „tausend betrogene Augen" und im Farbadjektiv „grau" zum Ausdruck. Felix versteht – und das ist wichtig für dessen weiteren Lebenswandel –, dass Publikum und Künstler sich gegenseitig bedingen. Der Künstler benötigt den Applaus, die Anerkennung, und die Menge will über ihren Alltag herausgehoben werden.

Mit dem Wechsel der Perspektive – Müller nun ohne Rosé: die Entlarvung des charmanten Lebemanns auf der Bühne – rücken nun die zentralen Themen Betrug, Täuschung und damit auch Hochstapelei in den Vordergrund. Die Ambivalenz von Oberflächengenuss und Ekel in der Erkenntnis des Seins spiegelt sich auch in den späteren naturphilosophischen Ausführungen Professor Kuckucks (vgl. Buch III, Kap. 5). Kosmisches Theater, die Aufführung von Werden und Vergehen, der stete Wandel des Seienden, die Auffassung des Seins selbst als Episode „zwischen Nichts und Nichts" (282) sind die Lektionen, mit denen Felix' Existenz als Hochstapler überhöht werden.

2. Nach der Schreibpause

Textgrundlage

Bekenntnisse des Hochstaplers Felix Krull, Buch II, Kap. 1, S. 63 f.

Aufgabenstellung

Analysieren Sie das Kapitel im Zusammenhang des gesamten Romans. Berücksichtigen Sie dabei besonders die Darstellung von Felix' Schreibprozess, die Funktion der Leseranrede und stilistische Besonderheiten.

Lösungsvorschlag

Zusammenfassung des Inhalts:

* Reflexion über das Schreiben nach einem Jahr der Schreibpause an den *Bekenntnissen*,
* Zweifel an der gewünschten Wirkung seiner „Chronik" auf die Leserschaft, die z. B. durch Sensationslust weckende Kriminalromane bereits überreizt sein könnte; auch Bezug des Titels (Hochstapler) suggeriert eine Nähe zu dieser Art von Literatur.
* Doch nach der neuerlichen Lektüre seiner bisherigen, ihm nun kurzweilig erscheinenden Aufzeichnungen glaubt Felix, dass er damit auch künftige Leser unterhalten könne.
* Als Beispiel für den Unterhaltungswert der folgenden Bekenntnisse führt Felix als Vorausblick zwei Episoden aus seinem Leben an: das Gespräch mit einem Polizeidirektor über Hochstapelei und Strafrecht – Felix dabei in der Rolle eines belgischen Aristokraten sowie die Umstände seiner Verhaftung, in denen er ebenfalls brilliert.

Bezug zum Kontext:

* Schilderung der Schreibproblematik als Teil der Authentizitätsfiktion der *Bekenntnisse*.
* Reflexion des Schreibprozesses und Anrede des fiktiven bildungsbürgerlichen Lesers sind häufig vorkommende Elemente, so auch zu Beginn des ersten Buches. Ansonsten dienen sie als Unterbrechungen des Erzählflusses.
* Floskeln der Authentizität (z. B. „der Wahrheit die Ehre geben", 63) bewirken Parodie der ‚echten' Tradition von Bekenntnisliteratur.
* Damit einher geht das Spiel von Wahrheit und Schein als eines der Kernthemen in *Felix Krull*.
* (Scheinbare) Revision des Anspruchs der Darlegungen im ersten Buch, diese nur für sich selbst verfasst zu haben. Doch auch dort wird der Leser bereits einmal angeredet und um dessen Wohlwollen dem Text gegenüber gebeten

(vgl. S. 46; diese Hinwendung zum Leser wird zu Beginn des zweiten Buches noch einmal unterstrichen: Felix gibt zu, dass er „[...] gleichsam aus dem Augenwinkel beim Schreiben doch auch der lesenden Welt einige Rücksicht zuwende", 63). Im zweiten und dritten Buch häufen sich dann diese Einschübe (über 20-mal).

- Gegenseitige Angewiesenheit von Künstler und Publikum als ein weiteres Kernthema des Romans.

- Eventuell biografische Anspielung des Autors Thomas Mann („Lange [...] unter Verschluß geruht", 63) auf seine fast vierzigjährige Schaffenspause am Roman.

Funktion der Leseranrede:
Felix bittet in zahlreichen Formulierungen der rhetorischen Figur der Captatio Benevolentiae die Leserschaft um deren Wohlwollen und günstige Bewertung des Textes.
Doch die Art dieser Redewendungen zeigt, dass auch der Leser ironisiert wird, z. B. durch

- Felix' schmeichelnde Aufwertung seiner Leserschaft: Sie benötigt keine „Befriedigung der gemeinen Neugier" (64) und hebt sich damit von dem gemeinen, abgestumpften Publikum ab, das nur noch durch Kriminalgeschichten zu unterhalten ist;

- den Begriff der „lesenden Welt" (63), welcher seine Leserschaft zusätzlich von einer ungebildeten Schicht abgrenzt;

- die Rücksichtnahme auf die gehobene Leserschaft, indem deren Moralvorstellungen und Sprachkompetenz zur Richtschnur des eigenen Schreibens werden. Felix will auf „Reinlichkeit und Schicklichkeit des Ausdrucks" (64) achten, um so „auch in den besten Häusern mit meinen Darbietungen bestehen zu können" (ebd.).

Sprachliche Darstellung der bislang aufgezeichneten bzw. von Felix angekündigten, nun folgenden „Bekenntnisse":
Ironisierung des Erzählstils, z. B. durch

- gestelzte Wortwahl („Ersprießlichkeit meiner Unternehmungen", „in treusinniger Folge Blatt auf Blatt schichtend", 63) sowie weit ausladende Hypotaxen,

- Häufung von Wahrheitsbeteuerungen („mehrfach versichert", „freimütig eingestehen"), verstärkt durch Einbeziehung eigener Gefühle wie „Unlust", „den Mut sinken lassen zu müssen", „Rührung", sowie Fiktion eines Selbstgesprächs („Vertraulichkeiten aus meinem Leben"),

- Abwertung scheinbar konkurrierender Literatur und deren Produzenten („Romanschreiber", 64) durch Alliteration, „krasse Kunsterzeugnisse" (63) sowie die Metapher „Knalleffekte" (ebd.),

- scheinbar tiefstapelnde Formulierungen wie „bescheiden der Wirklichkeit sich anschließende Vertraulichkeiten" (ebd.).

Insgesamt betonen etliche Stilmittel die Parodie auf den „schicklichen" Ausdruck (vgl. 64), z. B. die mehrfache Verwendung der Figur des Hendiadyoin (Ausdrucksverstärkung durch Verbindung sinngleicher Wörter; z. B. „hauptsächlich und in erster Linie", „insgeheim und gleichsam aus dem Augenwinkel", „übersättigt und abgestumpft", alle 63). Ebenso wird ein klassischer Stil durch sprachliche Anklänge an Sprachmuster der Goethe-Zeit ironisiert (z. B. „belebt, spann ich im Geiste an meinen Erinnerungen fort", „aufs gegenwärtigste", „edle Wahrhaftigkeit", alle 64).

3. Eine neue Rolle

Textgrundlage

Bekenntnisse des Hochstaplers Felix Krull, Buch III, Kap. 5, S. 261 – S. 262 unten („Gewähr seiner Treue")

Aufgabenstellung

Analysieren Sie den Beginn des fünften Kapitels. Stellen Sie dabei Bezüge zum Gesamtzusammenhang des Romans her.

Lösungsvorschlag

Felix, der Protagonist und Ich-Erzähler der *Bekenntnisse*, hat sich – aus zunächst lebensfroher, gleichwohl liederlicher Familie stammend, dann in verschuldeten und dadurch verarmten Verhältnissen aufwachsend – durch sehr gewandtes und hochstaplerisches Verhalten zum geschätzten Kellner in einem Pariser Grand Hotel „nach oben" (262) verwandelt. Er spielt diese Rolle perfekt, sehnt sich aber nach weiterem Identitätswechsel, lässt sich z. B. auch als vornehmer Gast in einem anderen luxuriösen Restaurant bedienen. Dort trifft er den Marquis de Venosta wieder, den er schon öfter im Speisesaal des Hotels bedient hat. Die Idee entsteht, dass Felix ein Jahr lang die Identität des Marquis annimmt und für ihn die von dessen Eltern geplante große Reise bis nach Südamerika unternimmt. Venosta selbst möchte diese Reise nicht antreten, da seine Eltern damit bezwecken, ihn aus der Liaison mit der nicht standesgemäßen Geliebten Zaza zu lösen. Venosta möchte aber bei Zaza bleiben.

Im vorliegenden Textauszug beschreibt Felix seine Glücksgefühle angesichts der bevorstehenden Änderung in seinem Leben und reflektiert seine gegenwärtige Situation, die ihm allerdings noch Vorsicht gebietet bis zu seiner tatsächlichen Abreise als ,Adliger' – dieser Identitätswechsel soll zunächst geheim bleiben. Einen solchen gesellschaftlichen Aufstieg hat er sich schon immer erträumt, in seinen Kinderspielen hat er diese „Prinzlichkeit" (262) vorweggenommen. Die heitere Stimmung, in die dieser Plan Felix versetzt hat, zeigt sich in seiner überschwänglichen Ausdrucksweise: z. B. in zwei Ausrufesätzen, einer davon eine Leseranrede, in der er die Empathie des Lesers beschwört („Mitfühlender Leser!", ebd.) sowie in einer als rhetorische Frage verkleideten Selbstanrede. Auch der abwechslungsreiche Satzbau unterstreicht seine Euphorie: von der Ellipse („Ein so lustiges wie süßes Kinderspiel") über einen sehr kurzen Hauptsatz („Ich war sehr glücklich") bis hin zu einer sehr weit ausladenden Hypotaxe, die über 13 Zeilen reicht („Was mich betrifft […]", alle 262). Die Erlangung des – temporären – Adelstitels mit der dazu gehörenden Ausstattung sieht Felix als angemessen an, als Konkretisierung dessen, was in der Kindheit noch undurchsichtig angelegt war, wie der Vergleich „gleichsam aus Nebelzustand" (261) sowie der Hinweis auf Traum und Phantasie im Gegensatz zum jetzigen Zustand der „Festigkeit" (ebd.) deutlich machen. Felix genießt diesen Moment und die Aussicht auf ein Jahr als Adliger, die Zukunft danach interessiert ihn nicht.

Zur Fülle dieser Augenblickserfahrung gehört auch seine Reflexion der „Liebe zu sich selbst" (262), die er im gesellschaftlichen Zusammenhang sieht und dadurch legitimiert, dass eine solche Selbstliebe auch auf die Mitmenschen als „Liebenswürdigkeit" (ebd.) ausstrahlt. Ironisiert wird die (scheinbare) moralische Rechtfertigung durch eine affektierte Wortwahl (z. B. „auf jene gesellschaftlich nur ersprießliche Art", ebd.). In Ausdrücken der Superlative, die durch parallele Satzstrukturen verstärkt werden, betont er mehrfach seine geschickte Verhaltensweise, sein „Geheimnis" (ebd.) vor anderen zu verbergen. Er ist besonders freundlich, füllt seine Kellner-Rolle über die Maßen perfekt aus, um ja keinen Verdacht zu erregen, dass er nun bald in gehobener Position sein wird. Dahinter verbergen sich sein Hochmut und das Bewusstsein seiner Sonderstellung. Damit will er sich auch von den weniger Schlauen absetzen, die eine solche soziale Hochstufung ausnützen würden, um gegenüber den ‚niederen' Ständen hochnäsig und den ‚oberen' aufmüpfig zu werden.

Obwohl Felix fast sicher ist, dass seine Abreise in ein neues Leben stattfinden wird, hütet er den Plan wie einen kostbaren Schatz. Die innere Sicherheit gewinnt er auch durch sein Bewusstsein, die Idee als Erster – also vor dem Marquis – gehabt zu haben. Felix hat sein ‚Schicksal' also wieder selbst in die Hand genommen und zur Erfüllung seines Wunsches nach einem erneuten Identitätswechsel vorangetrieben.

Er befindet sich hier in einer Hochstimmung, seinem Namen – „der Glückliche" – gemäß. Er lebt im Augenblick, Sorgen um die weitere Zukunftsgestaltung sind ihm fremd. Auch im vorliegenden Textauszug zeigt er sich als das Sonntagskind, das er von Geburt an ist. Damit einher geht sein Gefühl der Vorbestimmtheit, ein Auserwählter und anderen Menschen überlegen zu sein. Felix' Narzissmus wird an dieser Stelle besonders deutlich („Ich war mir kostbar", 262). Eines der zentralen Themen der *Bekenntnisse*, der Komplex Kunst und Kriminalität, zeigt sich hier in der Kunst des Rollenspielers, der ohne moralische Skrupel die Identität eines anderen Menschen annimmt. Als Adliger stehen ihm nun neue Bühnen offen, daher die Freude, die er an dieser Stelle äußert.

4. Goethes Spuren

Textgrundlage

Johann Wolfgang Goethe, *Aus meinem Leben. Dichtung und Wahrheit.* Erster Teil, 3. Buch, S. 90–92.

Goethe berichtet hier eine Episode aus seiner Kindheit; er ist zu dem geschilderten Zeitpunkt etwa 10 Jahre alt. Seine Heimatstadt Frankfurt ist von Franzosen besetzt, und der junge Goethe beschreibt, wie er die französische Sprache erlernt.

[…] Auch hier kam mir die angeborne Gabe zustatten, daß ich leicht den Schall und Klang einer Sprache, ihre Bewegung, ihren Akzent, den Ton und was sonst von äußern Eigentümlichkeiten, fassen konnte. Aus dem Lateinischen waren mir viele Worte bekannt; das Italienische vermittelte noch mehr, und so horchte ich in kurzer Zeit von Bedienten und Soldaten, Schildwachen und Besuchen so viel heraus, daß ich mich, wo nicht ins Gespräch mischen, doch wenigstens einzelne Fragen und Antworten bestehen konnte. Aber dieses war alles nur wenig gegen den Vorteil, den mir das Theater brachte. […] Hier saß ich nun im Parterre vor einer fremden Bühne, und paßte um so mehr auf Bewegung, mimischen und Rede-Ausdruck, als ich wenig oder nichts von dem verstand, was da oben gesprochen wurde, und also meine Unterhaltung nur vom Gebärdenspiel und Sprachton nehmen konnte. […] Es dauerte nicht lange, so nahm ich den Racine, den ich in meines Vaters Bibliothek antraf, zur Hand, und deklamierte mir die Stücke nach theatralischer Art und Weise, wie sie das Organ meines Ohrs und das ihm so genau verwandte Sprachorgan gefaßt hatte, mit großer Lebhaftigkeit, ohne daß ich noch eine ganze Rede im Zusammenhang hätte verstehen können. Ja ich lernte ganze Stellen auswendig und rezitierte sie, wie ein eingelernter Sprachvogel […]. Es dauerte nicht lange, so regte sich der Wunsch bei mir, mich auf dem Theater selbst umzusehen […]. Denn da ich nicht immer die ganzen Stücke auszuhören Geduld hatte, und manche Zeit in den Korridors […] mit anderen Kindern meines Alters allerlei Spiele trieb, gesellte sich ein schöner munterer Knabe zu uns, der zum Theater gehörte […]. Mit mir konnte er sich am besten verständigen, indem ich mein Französisch bei ihm geltend zu machen wußte […]. Er war ein allerliebster kleiner Aufschneider, schwätzte charmant und unaufhörlich, und wußte so viel von seinen Abenteuern, Händeln und andern Sonderbarkeiten zu erzählen, daß er mich außerordentlich unterhielt, und ich von ihm, was Sprache und Mitteilung durch dieselbe betrifft, in vier Wochen mehr lernte, als man sich hätte vorstellen können; so daß niemand wußte, wie ich auf einmal, gleichsam durch Inspiration, zu der fremden Sprache gelangt war.

Amerkung zum Text:
Racine: Jean Baptiste R. (1639–1699), einer der bedeutendsten Dramatiker der französischen Klassik

Aufgabenstellung

4.1 Fassen Sie den vorliegenden Auszug aus Goethes *Dichtung und Wahrheit* zusammen und analysieren Sie dessen thematische und sprachliche Aspekte.

4.2 Legen Sie dar, ob bzw. inwiefern Bezüge zur Darstellung Felix' in *Bekenntnisse des Hochstaplers Felix Krull* zu sehen sind. Überlegen Sie, welche Funktion eventuelle Parallelen und/oder Differenzen in der Ausdrucksweise im Hinblick auf Thomas Manns Roman haben.

Lösungsvorschlag

Zu 4.1

Goethe legt im vorliegenden Ausschnitt am Beispiel des Erlernens der französischen Sprache einzelne Aspekte seines Sprachtalents dar. Als angeboren bezeichnet er seine Fähigkeit, als Kind die Lautung einer Sprache genau wahrnehmen und speichern zu können. So erlernt er bereits Fundamente der Sprache, indem er den französischen Soldaten zuhört, und durch den täglichen Besuch französischsprachiger Theateraufführungen. Das Beobachten von Gestik und Mimik auf der Bühne sowie das Auswendiglernen von Passagen aus französischen Tragödientexten verstärken seinen Lernprozess, obwohl auf diese Weise mehr die Lautung denn die inhaltliche Bedeutung erlernt werden können. Dem Wunsch, im Theater selbst sich umzusehen, gibt der junge Goethe nach und lernt dabei einen gleichaltrigen Jungen kennen, mit dem er seine Französischkenntnisse zu vertiefen vermag. Wie nun der junge Goethe so schnell eine Sprache erlernen kann, ist seinem Umfeld jedoch unerklärlich.

Inhaltlich und formal zeigen sich folgende Themen und Stilmerkmale:
- Versöhnliche Sicht auf Welt und Mensch, hier z. B. in Form wohlwollender Attribute: „ein allerliebster kleiner Aufschneider" „schwätzte charmant und unaufhörlich", Harmonie als Stilideal,
- Theater als Bildungsanstalt,
- Selbstverständlichkeit der Kenntnis der lateinischen Sprache: Vorbild der Antike, Ideale der Bildung, Persönlichkeitsentwicklung und der Humanität in der Klassik, ebenso Kenntnisse des Italienischen,
- Aufzählungen, Detailreichtum („von Bedienten und Soldaten, Schildwachen und Besuchen", „ihre Bewegung, ihren Akzent, den Ton"),
- reflektierende und Zusammenhänge herstellende Formulierungen („das Organ meines Ohrs und das ihm so genau verwandte Sprachorgan"), damit Einschub von Reflexion als Element des Bildungsideals,
- Vergleiche: „wie ein eingelernter Sprachvogel", „gleichsam durch Inspiration",
- komplexer Satzbau, z. T. mit vielen Neben- und Unterordnungen, Bildungssprache.

Zu 4.2

In Thomas Manns *Bekenntnisse des Hochstaplers Felix Krull* zeigen sich etliche thematische und stilistische Bezüge zum Auszug aus Goethes *Dichtung und Wahrheit.*

Gemeinsam ist beiden, Felix Krull und Goethe, das Gefühl der Sonderstellung hinsichtlich ihres Talents. So sieht sich Felix auch als Sonntagskind, als der außerordentlich Sprachbegabte, mimetisch und lautmalerisch talentiert, erfreut sich an persönlichen Vorzügen, ist stolz auf angeborene Fähigkeiten, auf seine „natürliche Begabung für gute Form" (8). Beide haben große Freude an Theateraufführungen sowie am Blick hinter die Kulissen.

Bei Goethe jedoch dienen Theater und Dramatik sowohl der Unterhaltung als auch, und vor allem, dem Weg zur Bildung und Persönlichkeitsreifung, Felix hat mehr Interesse an Oberfläche und Illusion. „Schein" gehört zu den zentralen Motiven der *Bekenntnisse.* Goethes Werk war für Thomas Mann stets der Maßstab, es galt für ihn, sich an diesem Werk zu orientieren und es sich anzuverwandeln. Eines dieser Mittel ist die Parodie, wie sie den *Bekenntnissen* zugrunde liegt.

Bei Felix Krull bleibt unerklärt, woher er die Sprachkenntnisse hat, er musste nicht lernen. Goethe macht – auf der Basis seines Ausnahmetalents – den Lernprozess plausibel, Felix sagt nur zur Bildung, „daß sie dem Erwählten im Schlafe anfliegt" (80), wenn man denn aus „bildsamen Stoffe" (ebd.) bestehe. Das Spiel mit dem Motiv göttlicher Auserwähltheit zeigt sich auch in den zahlreichen Hermes-Anspielungen.

Goethe begegnet einem charmanten kleinen Aufschneider, liebt dessen Abenteuergeschichten; Felix ist dieser selbst und phantasiert Geschichten. Die *Bekenntnisse* beinhalten das Gegenteil traditioneller Bekenntnisschriften, die Höhe- und Tiefpunkte sowie moralische Verfehlungen eines Lebens (oft einschließlich einer Sühne) beinhalten. Felix entwickelt keine Persönlichkeit, er gefällt sich in einer Vielzahl zunehmend komplexerer Rollendarbietungen.

Anklänge an die Bildungssprache der Goethezeit sind in *Felix Krull* viele zu finden (z. B. Übernahme langer Satzperioden, typische Redewendungen) und in parodistischer Hinsicht gebrochen, sei es z. B. durch Felix' an unpassender Stelle eingeworfene Verweis auf klassisches Bildungsgut (wie z. B. das plötzliche Benennen von Hermes im Gespräch mit Professor Kuckuck, vgl. 279) oder – in den Komik erzeugenden antithetischen Namensgebungen wie etwa Madame Philibert-Houpflé. *Felix Krull* gilt entsprechend auch als Parodie auf den Bildungsroman.

Ganz gleich, ob Bekenntnisliteratur oder Bildungsroman: Thomas Manns Held bereut an keiner Stelle seine kriminellen Machenschaften, er muss keine Buße tun. Im Gegenteil: Im Roman wird der Zusammenhang von Kunst und Kriminalität, von liebenswerter Hochstapelei und Lebenskunst akzeptiert.

5. Felix revisited

Aufgabenstellung

„Wir leben in einer Welt der Hochstapler, wir alle müssen zwangsläufig zu Hochstaplern werden, um voran zu kommen.

[…] Im Smalltalk zu brillieren, also seine Außenwirkung gut genug im Griff zu haben, um sein Gegenüber hinter der Fassade eine authentische und weltgewandte Persönlichkeit vermuten zu lassen, ist wichtiger, als tatsächlich irgendeine Persönlichkeit zu entwickeln."

Aus: Helene Hegemann, „Hochstapler und Autisten: Wir sind alle Felix Krull", in: *Frankfurter Allgemeine Zeitung*, 22. März 2015. https://www.faz.net/aktuell/feuilleton/hochstapler-und-autisten-wir-sind-alle-felix-krull-13495647.html (letzter Aufruf: 17. März 2021)

5.1 Erläutern Sie kurz in eigenen Worten die These Helene Hegemanns.

5.2 Erörtern Sie, ob bzw. inwieweit das Leben des Protagonisten in Thomas Manns Roman *Bekenntnisse des Hochstaplers Felix Krull* – wie in der Überschrift des Zeitungsartikels angedeutet – aktuelle Verhaltensmuster aufweist.

Lösungsvorschlag

Zu 5.1

Die Autorin, Regisseurin und Schauspielerin Helene Hegemann (geb. 1992) stellt die These auf, dass Hochstapelei eine übliche Verhaltensnorm der Gegenwart sei. Ohne Hochstapelei, ohne positive Wirkung des Äußeren eines Menschen sei keine Karriere, kein Erfolg möglich. Am Beispiel des Smalltalk belegt sie ihre Behauptung von der allgegenwärtigen Notwendigkeit, dass die modernen Zeitgenossen und -genossinnen schon im Alltagsgespräch mehr vorgeben müssen, als sie eigentlich sind, also ihre Wirkung auf das jeweilige Gegenüber ständig im Hinblick auf scheinbare Echtheit, Lebensart und Weltläufigkeit kalkulieren müssen.

Zu 5.2

„Hochstapler" ist bereits der Kernbegriff im Titel des Romans von Thomas Mann. Anhand zahlreicher Rollen des Protagonisten Felix Krull wird gezeigt, wie die Mitmenschen sich durch vorgeschobene Kenntnisse, scheinbar authentische Verhaltensweisen und entsprechende (Ver-)Kleidung täuschen lassen. Felix Krull erklimmt mit seinen Verwandlungen die soziale Erfolgsleiter von der Küchenhilfe und dem Liftboy im Hotel bis zum Auftritt als Adliger vor dem portugiesischen König. Felix lernt schon als Kind, auf seine Außenwirkung zu achten, und hat Freude am Beifall der anderen. Er ist sehr genau bei der Gestaltung jeweils neuer Rollen, z. B. studiert er akribisch einen epileptischen Anfall ein, um dem Militärdienst zu entgehen. Seine einnehmende Gestalt, seine wohltönende Stimme, seine erotische Ausstrahlung, sein Sprachtalent, sein jeweils die Bedürfnisse anderer aufspürendes Wesen und vor allem seine Abscheu vor jeder Art von Festlegung, sei es in seiner Identität, in einer persönlichen Beziehung oder in der Bindung an einen Ort, sind die Faktoren, die es ihm ermöglichen, ein Leben zu führen, das nur auf unterschiedlichste Außenwirkungen zielt.

Am Anfang seiner unvollendet gebliebenen Memoiren deutet der inzwischen vierzigjährige Ich-Erzähler und Protagonist Felix Krull an, dass er nach einem Gefängnisaufenthalt gebrochen und kraftlos sei. Diese Aussage wird aber eigentlich sogleich ironisiert durch das folgende umfängliche und elaborierte, selbstgefällige Aufschreiben der sogenannten „Bekenntnisse".

Felix Krull zeigt etliche Parallelen zu einigen in der Gegenwart weitverbreiteten Charakter- und Verhaltenstypen. Zum einen weisen die Flut der Karriereratgeber und Beratungsangebote mit Tipps zur optimalen Selbstdarstellung sowie die Anleitungen zur perfekten Selbstinszenierung durch Internet-Plattformen oder Videokonferenzen auf die gesellschaftliche Notwendigkeit eines überhöhten Auftritts im privaten und öffentlichen Raum hin. Die Allgegenwart von Werbung verstärkt den Wunsch nach gutem Aussehen, optimaler Leistungsfähigkeit und Erfolg. Viele Menschen befürchten heute (z. B. bei der Partnersuche online), mit Ehrlichkeit und dem Eingeständnis möglicher individueller Schwächen nicht weit zu kommen. Digitale Techniken erlauben mehr denn je, eine ‚Verbesserung' an der eigenen Person vorzunehmen. Neue Technologien wie Virtual Reality, aber auch Online-Rollenspiele unterstreichen die gegenwärtige Tendenz, den Begriff der Identität in Frage zu stellen. Auch Felix sucht nicht sein authentisches Ich, den eigentlichen Wesenskern seiner selbst – es sei denn, dieser liege im Spiel mit Rollen, mit diversen angenommenen Schein-Identitäten.

So gesehen ist Felix Krull ein sehr moderner Charakter. Aber auch im Hinblick auf seine narzisstischen Züge – und das ist ein weiterer Vergleichspunkt – entspricht er einem weitverbreiteten Phänomen der Moderne. Felix hat nicht nur das immense Bedürfnis nach Bestätigung, Überhöhung, Anerkennung und Applaus mit vielen modernen Menschen gemeinsam, sondern auch die Bindungslosigkeit. Der Star-Kult der Gegenwart zeigt gleichfalls einen Doppelcharakter: Auch das zeitgenössische Publikum hat seinerseits den Wunsch, getäuscht zu werden, um auf diese Weise selbst eine Überhöhung zu erfahren – wie im Roman. (So profitiert etwa Madame Houpflé von Felix' Täuschungen, indem sie aus seinen Diebstählen erotische Befriedigung zieht.) Und dass eine hochstaplerische Lebensweise kräftezehrend bis hin zum Burn-out sein kann oder in die Kriminalität führt, ist in Thomas Manns Roman bereits erkennbar.

Neben diesen Parallelen der Lebenswelt des Protagonisten zu Themen einer modernen Leserschaft lässt sich aber auch ein Unterschied anführen: Durch die im Roman dargestellte Hierarchie in der Gesellschaft, die eindeutigere Rollen als heute vorgibt (z. B. durch Regeln oder Konventionen der Aristokratie, Geschlechterrollen, festgelegte Kleiderordnung) ist das Hochstapeln damals vielleicht vordergründig einfacher gewesen. Gleichwohl erforderte es aber ein individuell ausgeprägtes schauspielerisches Talent und die Fähigkeit, andere Menschen im direkten Kontakt für sich zu gewinnen. Dagegen bietet das Internet mit den sozialen Medien – bei aller heutigen Diversität der Rollenbilder – vielfältige und ‚hilfreiche' Manipulationstechniken, um Fake in allen Spielarten zu ermöglichen.

6. Leben im Jetzt

Aufgabenstellung

„Hochstapeln, ein mittelhochdeutsches Wort, das ‚betteln auf hohem Niveau' bezeichnet, verwischt die Authentizität des Ich. Es verbirgt das Ich hinter einer sozialen Maske. Was dahintersteckt? Das ist je länger, je weniger wichtig. Der Schein beherrscht das Sein immer mehr, bis es sich verflüchtigt. Der Hochstapler fälscht Pässe, Ausweise, Dokumente, Testamente, Stammbäume, Freundschaften und Taten. Wer er ist, ausser dem, der er zu sein vorgibt, das vergisst der Hochstapler selber mit der Zeit.

Identitäten sind Kostüme. Hauptsache, sie passen. Was soll es, wenn das Gesicht unter der Make-up-Schicht nichtssagend ist. Schauen wir nicht alle lieber das gefilterte Vogue-Cover an? Hochstapelei beruht auf dem stillschweigenden, halbbewussten Einvernehmen zwischen Betrogenen und Betrügenden, dass Erstere sich blenden lassen wollen. Sie bedient unsere geheimen Sehnsüchte. Unseren Glauben an die Oberfläche, an Form und Schönheit, an Bilder und Träume.

[…]

Lavieren, bluffen, gutes Essen und schöne Kleider geniessen, der Welt ins Gesicht lachen. Hochstapler haben selten Freunde, unsterblich verliebt würden sie sich nie. Sie sind einsam, aber kennen weder Angst noch Reue. Sie leben ohne Vergangenheit und ohne Zukunft. Wer weiss schon, wie alles kommt – vielleicht fliege ich auf, aber niemand weiss, wann das sein wird. Das entrückt sie dem normalen Leben: ein Ziel, ein Beruf, ein Lebensabend – wozu?"

Aus: Sarah Pines, „So wie ich bin, seid ihr alle! – Hochstapler versprechen alles, was wir uns wünschen. Und wir lassen uns gern von ihnen betrügen", in: *Neue Zürcher Zeitung*, 20. Mai 2019. [Text in schweizerischer Orthographie.] https://www.nzz.ch/feuilleton/hochstapler-sie-sagen-uns-was-wir-glauben-wollen-ld.1482261 (letzter Aufruf: 6. Mai 2021)

6.1 Fassen Sie den Auszug aus dem Zeitungsartikel von Sarah Pines zusammen und analysieren Sie exemplarisch sprachliche Merkmale und ihre Funktion.

6.2 Legen Sie dar, inwiefern Felix Krull diesem Verständnis von einem Hochstapler entspricht.

Lösungsvorschlag

Zu 6.1

- Erläuterung von Herkunft und Bedeutung des Wortes „hochstapeln"; Benennen der Wirkung des Hochstapelns auf die hochstapelnde Person: zunächst Verbergen des Ichs hinter sozialer Rolle, langfristig Vergessen des eigenen Wesens.

- Hochstapelei als wechselseitiger Prozess: Die Mitmenschen wissen um die verschönerte Oberfläche, die ihre geheimen Wünsche zum Ausdruck bringt.
- Bindungs-, Zeit- und Ortlosigkeit sowie mangelndes Schuldgefühl und fehlende Zukunftsorientiertheit, d. h. ein genussreiches Leben im Hier und Jetzt, fern z. B. der üblichen Lebensplanung, gehören zum Charakter des Hochstaplers.
- Sprachliche Strukturen: Aufzählungen, die insbesondere die Fälschungen und Genüsse des Hochstaplers illustrieren; prägnante kurze und z. T. sogar elliptische Sätze; Wechsel der Sprachebenen (z. B. „Authentizität" im Kontrast zu dem saloppem Parallelismus „je länger, je weniger").
- „Betrogenen und Betrügenden": Das Sprachspiel mit dem zugrundeliegenden Wortstamm veranschaulicht die Wechselseitigkeit des Verhältnisses beider Seiten zueinander.
- Die Personal- und Possessivpronomen (wir, unser) beziehen die Leserschaft in den Prozess der Akzeptanz von Hochstapelei ein.

Zu 6.2
Zum Protagonisten Felix Krull lassen sich zahlreiche Parallelen ziehen:
- Irrelevanz eigener Identität; Fähigkeit der Übernahme einer Vielzahl sozialer Rollen auf allen gesellschaftlichen Ebenen,
- keine Gebundenheit an Orte und Personen, Vorliebe für Hotelaufenthalte, öffentliches Dasein, keine intensiven Bindungen an Mitmenschen; Freude an Spiel, an Genuss, an Kleidung, Luxus und (scheinbarem) sozialem Aufstieg,
- Leben im Moment, keine Planung, Nutzen der Möglichkeiten, die sich im Augenblick darbieten, keine Zukunftsängste,
- Abhängigkeit vom Publikum, von Applaus; gleichzeitig starke Wirkung auf das jeweilige emotional zugewandte Gegenüber.
- Im Roman wird zu Beginn bereits eine (eventuell vorläufige) Beendigung der Hochstaplerkarriere geschildert: Felix hat zwar eine Strafe im Gefängnis verbüßt, zeigt aber keine Reue, kein Schuldbewusstsein; selbst sein Eingeständnis, erschöpft zu sein, könnte zu seiner Rolle als Gefängnisinsasse gehören.

Möglicher Unterschied:
- Typus des Hochstaplers in den *Bekenntnissen* im Vergleich zur Charakterisierung in Sarah Pines' Artikel z. T. überhöht – als Künstler, als göttliches Wesen (z. B. Überzeichnung in der Anspielung auf Hermes)

Literaturhinweise

Textausgaben

Goethe, Johann Wolfgang: Werke. Hamburger Ausgabe in 14 Bänden. Bd. 9: Autobiographische Schriften I. Textkritisch durchgesehen von Lieselotte Blumenthal. Kommentiert von Erich Trunz. München: Deutscher Taschenbuch Verlag, 1982. [Zit. als: Goethe, DuW.]

Mann, Thomas: Bekenntnisse des Hochstaplers Felix Krull. Große kommentierte Frankfurter Ausgabe. Hrsg. von Thomas Sprecher und Monica Bussmann in Zusammenarbeit mit Eckhard Heftrich. Bd. 12.1 (Roman) und 12.2 (Kommentar). Frankfurt a. M.: S. Fischer, 2012. [Zit. als: GKFA 12.1 und 12.2.]

Mann, Thomas: Briefe. Bd. 1: 1889–1936, Bd. 2: 1937–1947, Bd. 3: 1948–1955 und Nachlese. Hrsg. von Erika Mann. Frankfurt a. M.: S. Fischer, 1962, 1963, 1965. [Zit. als: B 1, B 2, B 3.]

Mann, Thomas / Mann, Heinrich: Briefwechsel 1909–1949. Hrsg. und mit einem Nachwort von Ulrich Dietzel. Berlin/Weimar: Aufbau Verlag, 1977. [Zit. als: TM/HM.]

Mann, Thomas: Selbstkommentare: *Königliche Hoheit* und *Bekenntnisse des Hochstaplers Felix Krull*. Hrsg. von Hans Wysling unter Mitwirkung von Marianne Eich-Fischer. Frankfurt a. M.: Fischer Taschenbuch Verlag, 1989. [Zit. als: SK.]

Mann, Thomas: Tagebücher 1949–1950. Hrsg. von Inge Jens. Frankfurt a. M.: Fischer Taschenbuch Verlag, 2003. [Zit. als: TB 1949–1950.]

Mann, Thomas: Tagebücher 1951–1952. Hrsg. von Inge Jens. Frankfurt a. M.: S. Fischer, 1993. [Zit. als: TB 1951–1952.]

Mann, Thomas: Über mich selbst. Autobiographische Schriften. 6. Aufl. Frankfurt a. M.: Fischer Taschenbuch Verlag, 2010. [Zit. als: AS.]

Mann, Thomas: Der Erwählte. 29. Aufl. Frankfurt a. M.: Fischer Taschenbuch Verlag, 2012.

Nietzsche, Friedrich: Morgenröte / Idyllen aus Messina / Die fröhliche Wissenschaft. Kritische Studienausgabe. Hrsg. von Giorgio Colli und Mazzino Montinari. München: Deutscher Taschenbuch Verlag, 1988. [Zit. als: Nietzsche.]

Schopenhauer, Arthur: Die Welt als Wille und Vorstellung. Kritische Jubiläumsausgabe der ersten Auflage (1819). Hrsg. von Matthias Koßler und William Massei Junior unter Mitarbeit von Erik Eschmann. Hamburg: Meiner, 2020. [Zit. als: Schopenhauer.]

Sekundärliteratur (Auswahl)

Appel, Sabine: Naivität und Lebenskunst. Die Idee der Synthese von Leben und Geist in Thomas Manns Hochstapler-Memoiren. Frankfurt a. M.: Lang, 1995.

Dean, Martin R.: Der Flügelschlag eines brasilianischen Schmetterlings. Felix Krull als Modell weltläufigen Erzählens. In: Manfred Pabst / Thomas Sprecher (Hrsg.): Vom weltläufigen Erzählen. Die Vorträge des Kongresses in Zürich 2006. Frankfurt a. M.: Vittorio Klostermann, 2008 (Thomas-Mann-Studien Bd. 38). S. 73–79.

Ermisch, Maren: „So hält man sein Leben zusammen." Spuren des Autobiografischen in Thomas Manns Felix Krull. In: Walter Delabar / Bodo Plachta: Thomas Mann (1875–1955). Berlin: Weidler Buch Verlag, 2005. S. 265–283.

Gehrlach, Andreas: Diebe. Die heimliche Aneignung als Ursprungserzählung in Literatur, Philosophie und Mythos. Paderborn: Fink, 2016.

Görner, Rüdiger: Hochstapelei als geistige Lebensform mit offenem Ende – der Fall Felix Krull. In: R. G.: Thomas Mann. Der Zauber des Letzten. Düsseldorf/Zürich: Artemis & Winkler, 2005. S. 197–215.

Grabowsky, Dennis: Vorzugskind des Himmels. Aspekte der Ironie in Thomas Manns Felix Krull. Marburg: Tectum Verlag, 2008.

Hermsdorf, Klaus: Bekenntnisse des Hochstaplers Felix Krull. Der Memoiren Erster Teil. In: Das erzählerische Werk Thomas Manns. Entstehungsgeschichte, Quellen, Wirkung. Hrsg. von K. H. [u. a.]. Berlin/Weimar: Aufbau Verlag, 1976. S. 396–430.

Janz, Rolf-Peter: Die doppelte Lust an der Verstellung. Thomas Manns Felix Krull und Steven Spielbergs Catch Me If You Can. In: Männlichkeit als Maskerade. Kulturelle Inszenierungen vom Mittelalter bis zur Gegenwart. Hrsg. von Claudia Benthien und Inge Stephan. Köln: Böhlau Verlag, 2003. S. 178–192.

Kerényi, Karl: Die Mythologie der Griechen. Götter, Menschen & Heroen. 12. Aufl. Stuttgart: Klett-Cotta, 2020.

Kurzke, Hermann: Thomas Mann. Das Leben als Kunstwerk. Eine Biographie. Frankfurt a. M.: Fischer Taschenbuch Verlag, 2002.

Luft, Klaus Peter: Erscheinungsformen des Androgynen bei Thomas Mann. New York: Peter Lang Publishing Inc., 1998.

Mattern, Nicole: Hotel Heterotopia? Raum- und Tauschkonstruktionen in Thomas Manns Der Tod in Venedig (1912), Lotte in Weimar (1939) und Bekenntnisse des Hochstaplers Felix Krull (1954). Trier: Wissenschaftlicher Verlag, 2018.

Pieper, Vincenz: Was heißt es, eine fiktionale Erzählung zu verstehen? Überlegungen am Beispiel von Der Tod in Venedig, Der Erwählte und Felix Krull. In: Regine Zeller / Jens Ewen / Tim Lörke (Hrsg.): Der Geist der Erzählung. Narratologische Studien zu Thomas Mann. Würzburg: Königshausen & Neumann, 2017. S. 25–63.

Safranski, Rüdiger: Der Wille und das Glück der Philosophie. In: Neue Zürcher Zeitung. 25. November 2018. https://www.nzz.ch/feuilleton/arthur-schopenhauer-der-wille-und-das-glueck-der-philosophie-ld.1438182 (letzter Aufruf: 16. Februar 2021).

Safranski, Rüdiger: Die Zähmung des Menschen. In: Der Spiegel. 20. September 2010. https://magazin.spiegel.de/EpubDelivery/spiegel/pdf/73892435 (letzter Aufruf: 16. Februar 2021).

Schulz, Kerstin: Identitätsfindung und Rollenspiel in Thomas Manns Romanen *Joseph und seine Brüder* und *Bekenntnisse des Hochstaplers Felix Krull*. Frankfurt a. M.: Lang, 2000.

Sprecher, Thomas (Hrsg.): Lebenszauber und Todesmusik. Zum Spätwerk Thomas Manns. Frankfurt a. M.: Vittorio Klostermann, 2004.

Stein, Guido: Thomas Mann. *Bekenntnisse des Hochstaplers Felix Krull*. Künstler und Komödiant. Paderborn/München/Wien/Zürich: Schöningh, 1984.

Wysling, Hans: Narzißmus und illusionäre Existenzform. Zu den *Bekenntnissen des Hochstaplers Felix Krull*. Bern/München: Francke, 1982 (2. Aufl. Frankfurt a. M: Vittorio Klostermann, 1995).

Stichwortverzeichnis

In Bezug auf die Romanfiguren sind nur die Seiten angegeben, auf denen eine ausführlichere Charakterisierung der betreffenden Personen erfolgt.